The Ultimate
BABY BOOMER
WORD SEARCH
For Adults Large Print

Hazel Woods

This book belongs to:

_____

_____

Copyright © 2024

Introduction

Hey there, all you classic pals! It's lovely to see you here, so come on in and make yourself at home. 100 groovy topics from the golden decades are sure to take you on a delightful trip down memory lane. Don't miss the extra bonuses to enhance your sweet memories even more!

How About We Play Some Music?

Choose a DONE-FOR-YOU-PLAYLIST to supercharge your word search experience!

To enjoy, open your smartphone camera, point it to a particular QR code below, and tap the yellow link that appears.

50s	60s	70s	80s
https://bit.ly/3yVCDlz	https://bit.ly/3VjaSdZ	https://bit.ly/4eGVSzq	https://bit.ly/3x1yQTb

Nature Sounds	Jazz Bossa Nova	Instrumental
https://bit.ly/43AOwZ5	https://bit.ly/498y1Vn	https://bit.ly/4cKpuez

How to Play?

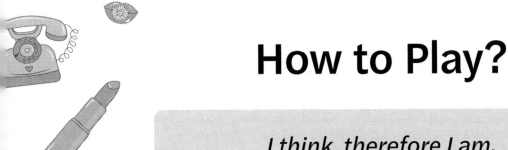

I think, therefore I am.
- René Descartes

Look for words vertically, horizontally (or) diagonally (in both directions) ←↑→↓↖↗↙↘

If it is a compound word with a space (or) hyphen in between, you can find them adjoined together. For example, "POP-UP" will be found as "POPUP" in the puzzle.

Are you excited? Let's get started.

Example:

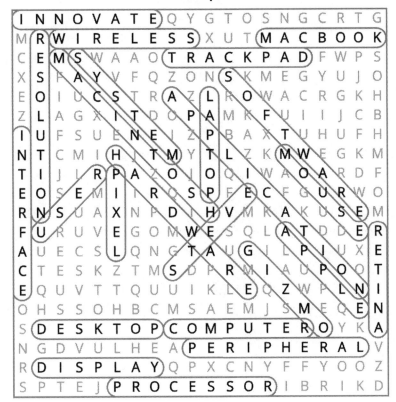

1. ICONIC JUKEBOXES

First called by manufacturers as "Automatic Coin-Operated Phonographs," jukeboxes were the most popular from the 1940s through the mid-1960s. By the mid-1940s, 75% of the records produced in America went into jukeboxes.

```
P S M K H F G D I R M B X M E A T J G E
N E X V G B D C T N W W J H Q E P P L F
M L N M A A S R O E O C K J D S P R G A
O E H R E R C Y D X O Y W H E T A Y S S
V C X H D M M D Q C D S M C Q H R U O C
M T V V W K E I Y Q E M H O W E T K U I
G I V S V P L N K S N Y U Y M T Y J N N
Q O O I C C Z E T A D I L H R I A U D A
K N J I N I C R V O A A T B A C T K K T
O P S Q P T Y X L K M Y R P G N U E J I
A U K I J Y A E Q K H E H G H Q N B N N
M L E Q B H M G X R F E T S H J E O P G
W Q E O K N C U E A P K W A O I E X F I
J H P G G B L C I R V G G S L N E H R E
P O S B B E H O L Q S J P P S L G X V W
J O A B V A P I R O S Z A C P V I O R G
Z D K D X T M N O Y U L I S M A O C D Y
X E E D B E N R K T F N M V S R A N P U
B U X S X U L G P M S Y G W G A K O J X
G W U H F D V H R P P E O E F N P R P R
```

AESTHETIC   BAR   BEAT   COIN

DINER   FASCINATING   FUN   GROOVE

JUKEBOX   KEEPSAKE   LOUNGE   MELODY

MEMENTO   METALLIC   MUSIC   PARTY

POP   RHYTHM   SELECTION   SONG

SOUND   TUNE   VINTAGE   WOODEN

Solution is on page 116

2. THE ED SULLIVAN SHOW

The Ed Sullivan Show ran for twenty-three years from 1948 to 1971, with appearances from top-tier performers such as Frank Sinatra, Ella Fitzgerald, The Beatles, Elvis Presley, and The Rolling Stones, to name a few.

AMUSING   APPLAUSE   AUDIENCE   BELOVED
BROADCAST   CAMERA   CHEER   DANCE
FESTIVE   GUEST   LIVE   LONGEVITY
OPERA   PERFORMANCE   REVERED   STAGE
STUDIO   SUNDAY   SUPERSTAR   TALENTED
TELECAST   THEATER   TRENDING   VARIETY

Solution is on page 116

3. BEATNIKS AND THE BEAT POETRY

Beat poetry started in the 1940s in New York City, but the heart of the movement was in San Francisco in the 1950s. The Beatniks were interested in challenging mainstream culture and conventional writing styles and techniques.

```
V P X B Z N A G M K K A N A R C H I C V
A I H O X W E H Q C C C R C F C P G I Y
L H E H X U R H B X O Z D L W U Q B R I
T I C E E C E N A T N M Q Y K L N B R S
E P N M N U E H K S K B M X Q T R Q E P
R P Y I M B E A T N I K B U N U Z Q V I
N I W A N D E R L U S T E D N R I N E R
A E N N I N T R O S P E C T Y A W M R I
T P S Y C H E D E L I C B X A L L O E T
I O I B Y B Q A L I N W D N P S Z E N U
V E M Z I Q K A X Z O K I H E S L G T A
E T X J C I C X R E B E L A A A M Z X L
E R W I Q I C Y L J R C H J I R B J B B
J Y H M D A R T I S T I C C D T M A R X
K C D A E M L U N X O N O T C R W A O U
P D R S O H C L K T Y S M D V J Z Y P L
J C Y S U B C U L T U R E E S N S V L M
X V Q T H X E C C E N T R I C G V F C A
W R N Y I S U B V E R S I V E R X E V O
S J S X B M S P O N T A N E I T Y B O Z
```

ALTERNATIVE   ANARCHIC   ARTISTIC   BEATNIK
BOHEMIAN   CHIC   COMMUNAL   CULTURAL
DHARMA   ECCENTRIC   HIPPIE   INTROSPECT
IRREVERENT   POETRY   PSYCHEDELIC   RADICAL
REBEL   SOCIAL   SPIRITUAL   SPONTANEITY
SUBCULTURE   SUBVERSIVE   WANDERLUST   ZEN

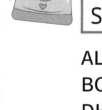

Solution is on page 116

4. POLAROID CAMERAS

In the early 1940s, American inventor Edwin Land created the Polaroid camera. The idea came from a simple question from his 3-year-old daughter about why she couldn't see the photos taken immediately.

L	H	B	Z	Z	I	U	I	K	F	R	A	M	E	V	U	R	C	I	J
Y	R	Z	G	S	N	A	P	S	H	O	T	S	C	A	P	T	U	R	E
W	A	A	P	O	L	A	R	O	I	D	U	G	S	S	I	D	S	D	X
B	S	H	U	T	T	E	R	K	U	C	J	B	V	P	W	V	W	O	P
C	R	A	E	A	X	I	X	H	O	F	W	E	O	O	V	H	K	W	O
C	F	G	L	D	Z	W	E	F	B	R	T	Q	Q	U	I	P	V	T	S
Z	B	O	R	D	E	R	N	S	P	A	O	U	Z	R	E	M	C	U	U
S	J	P	F	A	P	D	P	R	I	N	T	A	Z	D	W	E	R	V	R
H	B	D	Y	T	O	H	E	D	P	H	O	T	O	H	R	M	B	B	E
Z	I	S	F	A	S	T	E	V	M	Y	K	G	W	I	I	O	J	N	G
H	N	O	E	A	T	M	W	S	E	C	G	D	D	S	Z	R	M	A	X
W	S	W	L	G	M	X	J	E	I	L	Q	M	U	P	N	Y	W	P	I
I	T	F	N	I	H	X	Y	L	P	E	O	Q	E	Y	Q	T	K	E	O
T	A	P	V	V	L	Q	C	F	I	Q	F	P	E	D	K	X	D	R	N
J	N	A	V	U	E	U	V	I	C	F	Z	W	S	K	Q	V	F	T	P
J	T	C	W	E	U	Z	T	E	T	I	S	E	P	I	A	Q	M	U	O
L	N	C	M	F	A	W	C	W	U	L	U	C	H	C	A	T	A	R	U
N	L	B	N	Z	H	P	O	U	R	M	L	O	Q	W	I	F	N	E	J
M	K	Q	S	H	Q	J	L	P	E	V	S	G	A	O	T	Z	R	R	F
L	P	F	U	C	G	B	B	V	C	Y	P	T	L	K	U	Q	A	J	Z

APERTURE	BORDER	CAPTURE	CLICK
DEVELOP	DIRECT	EXPOSURE	FAST
FILM	FLASH	FOCUS	FRAME
IMMEDIATE	INSTANT	MEMORY	PHOTO
PICTURE	POLAROID	PRINT	SELFIE
SEPIA	SHUTTER	SNAPSHOT	VIEW

Solution is on page 116

40¢

It's been said that the Monopoly Man was inspired by a real tycoon named J.P. Morgan, an influential banker who helped finance the construction of railroads and organized several major corporations.

```
I L H I C X Q R L O S V U V D H Q U E A
T P R O P E R T Y X P Y I O J I C B L P
M X H H Z D L L G M V D T N S M C Y U T
J O F Z H H E N S A Z N O A G J W E X Y
M T R F M T M V A X E I G L Q P C M U B
O G T T O O E I W R T J K S S H D C R D
N F F H G C N Q N C M A B R Z I W W Y M
O A N I W A T E U C G I F U T I L I T Y
P S U F I J G A Y F O L I E N G Q W D Y
O J Y S L Y U E X B I M S N C T H Z Y E
L W B M N D P I B H T U E F J L E Y O
Y Y R E D I E Z U V O R S A W M P G T B
Q K K V S D U E Y H H C A R Z K C N I E
V O J F O Y M K D H R M H D Y N F W T S
T P C P S Y K C K T I N O E I Z L B L Q
Y B O U E M F N C W T O B V S N P K E X
J J Y C K T A X O C M K V E E T G D D T
W C H D D B L A R N M I Z G C W Z P J B
S K R P C H A N C E D J Q F W E U G Q D
Z F F M U L T I P L A Y E R T E J Y D S
```

AUCTION	BANK	BUY	CHANCE
CHEST	DEED	DICE	HOTEL
HOUSE	INCOME	JAIL	LUXURY
MONEY	MONOPOLY	MORTGAGE	MOVE
MULTIPLAYER	PROPERTY	RENT	TAX
TITLE	TOKEN	TRADING	UTILITY

Solution is on page 116

6. SEARS CATALOG TREASURES

40¢

The Sears Catalog was regarded as the Amazon.com of its time, selling almost everything from houses to hubcaps. By 1945, the company topped the $1 billion mark in sales while doubling its retail stores.

U P C U D P L G P T D P I H L Y V J Y E
L C Y U I J A H W E G C L E A R A N C E
I Y M R S C N O X L E A Q W O B Q B D X
Z M L A C G T G H J G X R F C L O T H O
L K X E O X I O E H O D C D R I T O Q W
F Z B E V T Q X K E L G T L E M G P K B
U R H D E X U B T L Q I V B U N Z W L W
R O E I R X E A I U F M R Y R S I A O F
N O D T X Z V R J E W E L R Y A I N J F
I A G S A O F U J M B E A U T Y N V G W
T P Y D N I Y Z K W D G G D R R A D E G
U P E E A W L I K S N T L P E G B F S Q
R L R G B I S E R I S O O G T S A I Q Z
E I S O U W G A P I H H A Y Y U R B A G
U A I T G P E P L E S G X E C A G H H R
E N I Q P S I E S K G V E H Q E A E F K
T C L B G H M U R U K W Z Y L W I Q A M
Q E B C S P O O L W W D H A D I N W H Z
C Y Y K N H W S G H H R S J G X T O O L
A D Z T J S Z L H Q Q H H T Z E I E O D

ANTIQUE	APPLIANCE	BARGAIN	BEAUTY
BOOK	BRAND	CLEARANCE	CLOTH
DISCOVER	EXCLUSIVE	FRILL	FURNITURE
GARDENING	HOUSEHOLD	JEWELRY	LIST
LUGGAGE	RENOVATE	RETAIL	SALE
SEARS	SHIPPING	TOOL	WORKSHOP

Solution is on page 116

7. CLICK CLACKS TYPEWRITERS

Stella Pajunas holds the world record as the fastest typist on an electronic typewriter. In an official test in 1946, Stella typed 216 words in a minute on an IBM machine in Chicago, Illinois, USA.

```
F T V Q S H E O M A N U S C R I P T B A
P I T Y C Z B I U I M D K H W M Q S T R
U X Y Y I O O A T W F T O P Y C P F K T
M E P S P V J P C H G X L E A U X O Q A
E V E R Z E Y H B K M J K K X O X L Z R
C K W I G G B R P T S A Z M P I M P Q A
H T R B J A M A Z F Y P R M X T F L C Z
A A I B C G F P R L J X A G A X M A W V
N B T O C O M P O S E R Q C I C A T I P
I U E N U R C F O N T C B K E N D E Z J
C L R T Z V P U D I T M A N U A L N Q C
A A P V B S P C T N G T I R E T U R N O
L T A E M M E C A D K E Y B O A R D M U
M O P W L O L L B E H E T Y P I S T W R
Y R E L I E U A E X O F A X S X C A Q I
K B R T T Q C I N C G B H L Z C T W R E
N C V S T S V T R D T T Q A F C N J G R
P W A X T S I Z R K A O C A R R I A G E
P J S D W Y O P G I U X R M Q P V G S R
K E U O O B V S C I C X E C Z Q W F A Z
```

BACKSPACE	CARRIAGE	COMPOSER	COURIER
ELECTRIC	FONT	INDEX	KEY
KEYBOARD	MANUAL	MANUSCRIPT	MARGIN
MECHANICAL	PAPER	PLATEN	RETURN
RIBBON	SELECTOR	SIZE	TAB
TABULATOR	TYPEBAR	TYPEWRITER	TYPIST

Solution is on page 117

8. 45 RPM RECORDS

RCA Victor released the first 7-inch 45 rpm recording with a few minutes of music on each side, selling an impressive one million units in just one month.

```
X M R O T A T I O N D N M E B K E P I D
I D C G E X I I F I O J T L G K Y I Q K
S L I P M A T R E S O N A N C E Y S L I
N H K F N P Q V Y K Y E O H A E Q P Z E
I U A M B I E N T M K L J L L S E I V M
O G A T E F O L D X E I W S S P Y N R E
S T Q Z R C W Y F P P T O G X U Q D L Y
W G S F W E U R Z K Q R A G B R R L Y D
I I W Y V H S T E S C G P L C E X E H S
T D R A R E U E S G C L V X T G M U G U
C A T A F X P R R Y G R S T Z F U N K B
H D U C L A A R Z V K A A O N S I N E N
R A X O I L I N E R O L E T O S O Z G X
E P X U P C B B S U P I I D C U G R U O
V T E S S U Y G F O R Z R D L H U J C V
M E M T I K T E C H N I C S T Y L U S F
I R N I D D I A M E T E R U C B R I B X
W T Q C E O Q F P L K C B X D Z N D U G
R M D B Z E D D W C R O S S T A L K J F
P R R M S H A F F M D P D E O V E M X S
```

ACOUSTIC	ADAPTER	AMBIENT	CROSLEY
CROSSTALK	DIAMETER	FLIPSIDE	FUNK
GATEFOLD	LINER	LONG	METAL
PLATTER	RARE	REGGAE	RESERVOIR
RESONANCE	ROTATION	SCRATCH	SLIPMAT
SPINDLE	STYLUS	SWITCH	TECHNIC

Solution is on page 117

9. JAMES DEAN: REBEL WITHOUT A CAUSE

James Dean's first professional acting job was for a Pepsi commercial in 1949. He was cast as part of an ensemble for a Pepsi commercial and was seen dancing and singing around a jukebox.

```
Y Z S C R E E N P L A Y Q D L J D N H H
D P S Q P R O T E S T O R W G O P Y M Y
E Z T W J F R E B E L L I O U S G G Q T A
F W R Z S C M I S C H I E V O U S E F D
I G I C J K E Z D E A N M T M Z I Y H O
A K K Y L I H L Z V M W U F W C L R K L
N E I H H I D D E S V N P A O G V T I E
C H N D P K Q E W B P L E S D M F B Z S
E S G B I S U N I R J B M F A Y N J C
N L S L G O S Y E T L A U E O H M N H E
L N N N H W U I M Q I L T V G T H A G N
D C U C B J Q X N B A T F E E S I H N T
D O M T X U N I D S O F Y U D N V O U T
Y H K M G A N G S T U L R M L M I L N Z
A B D I S S I D E N T R J J Q Z S L E G
R P N S Y U R T N A G M G X V M A Y E J
M D W P F L M T X Y X N W E V O S W D V
J A C K E T C M P Y H Y Q U N D B O P K
J R G J E J B O V P C U U W K T M O X P
O Q X T K B R I L L I A N T F Z M D Y V
```

ADAMANT	ADOLESCENT	ANGST	BRILLIANT
CELEBRATED	CLIQUE	DEAN	DEFIANCE
DISSIDENT	EMOTION	HOLLYWOOD	IDENTITY
INSURGENT	JACKET	JUVENILE	MISCHIEVOUS
PROTESTOR	REBELLIOUS	SCREENPLAY	SOCIETY
STRIKING	SYMBOL	WILLFUL	YOUNG

Solution is on page 117

10. DIALING BACK WITH ROTARY PHONES

Owning a rotary phone was considered a luxury in the 1940s. Most callers used public telephones and were encouraged to keep their conversations short.

```
Q Y Y H U E B M Z B M L N M G U U L P G
O E B H Y L Q P F J W X N J R Z M R G D
B L S O F P V X Y Z T F L S R Q O X F R
I D R Y A I I O A P Q L M R S T O W O I
I V O E F V V X E Y R S M A A T B I L N
E U B Z W O A E R I I M Y R R N G R G G
U W T D U T B A H X F D E A O H T E Y B
R H E L X W T W A R W P L B L C R D L A
E A L Y C O U U K D O U L Y X E E H H C
V N E M R R S N L V C X D A W Q X T M K
O D P N I O A L B R L Q S S D I O I R L
L S H U T R A D I H B F N Q S O T X A K
V E O M C C O C L I N A E L B T F U D C
E T N B Z S Y V A E W S U H M J M H I D
Z C E E X U B P C Y L S C Q D U F D U W
S F O R Q P M T V U Q R C I Q D J U S U
C E R R C S O W P U I L G Y R A T E R E
S D C R D J R J J U M G M J D L M A C I
H P V N E V H E L A N D L I N E W T F U
P P X M Z T U R N I N G A D P W U S T M
```

ANSWER	AXIS	BEEP	BOOTH
CALL	CIRCULAR	CORD	CRADLE
CRANK	GYRATE	HANDSET	LANDLINE
NUMBER	OPERATOR	PIVOT	PULSE
RADIUS	REVOLVE	RING BACK	ROTARY
TELEPHONE	TURNING	WHIRL	WIRED

Solution is on page 117

11. ERECTOR SET CONSTRUCTION

The Erector Set was a popular construction toy that taught and amused youngsters for most of the 20th century. The primary components of Erector Sets are nuts, bolts, and hole-filled metal girders of varying sizes.

```
P I V A H I R I F C L B L U E P R I N T
M S M E P Z B S J B H G H S Q Z M D P K
Z N P C N O O F C O K O W W S A Z K X B
N M P A V Y J F O D I Q O Z E K Y Z C U
S Z M S T Y H E N E S N B B Y A Q H L I
T L G I C I D T S J N J T Q B W L H U L
R E O E I C A E T A F K S A T O W L X D
U V R B L Y T L R L S K P R K T L L G I
C E B P V X I A U A T C O U B T J T Y N
T R P R F Z H F C G R T R R L R J L Q G
U N U T Z K C T T N C C E E E L B W I N
R V N C T K A P P E X D H E W M E C S J
E E R E C T O R N O R I N I E O N Y P N
S P I E C E X N C I W I R S T V T V U S
Q U T W W L O B G U G L S K A E K X R N
R E B I N C N O C N E A X I N B C P Z H
S F X M X M T N E E F O Y T X T W T B V
D L E B K U B V T R K O T U T S L S K N
O Q L G E D B S C T F R A M E W O R K O
U E D U C A T I O N A L G X L A Y P V R
```

ARCHITECT	ASSEMBLY	BEAM	BLUEPRINT
BOLT	BUILDING	CONNECTOR	CONSTRUCT
EDUCATIONAL	ENGINEER	ERECTOR	FRAMEWORK
GIRDER	JOINT	KIT	LEVER
NUT	PIECE	PULLEY	SCREW
SET	SPATIAL	STEEL	STRUCTURE

Solution is on page 117

12. WOOD-PANELED STATION WAGON

Wood-paneled wagons, known as "woodies," gained popularity as car bodywork from the 1920s through the 1940s. Different US auto manufacturers, including Ford and General Motors, incorporated the design.

```
G E A I E C O L N L Y T T I V W X W G O
T I S Z X F M E P J E H A U C E H O H K
S X B O T W N V Z K Y W I Y L J Z O X A
R E U O E N U M N O C V L W U Z E D O Z
R U W X R K J U J U K R F I U J T C I E
M S O I I P J V A T E L I X J R I R F E
X O D N O L X H U I T C N N I R H A I O
D R A U R S M H N N F Z U C T C N F R K
T T S R Q B W F T G M S B H N Y W T A X
O I H E H U U O G Q O H L T E Q A L G Y
U E B D S M U E I Z D D K F Y G N E T O
G C O G N P U W W D I C E E D K D I O H
H J A M C E I P Y F F N V E O G E T P P
E F R G D R W O O D I E X G T U R V W Y
N H D V I B R L I G E W C Y F A U X V U
E L Y S G W L D M A D I N T E R I O R Q
D R E T R O G R A D E E H I K I Z Q M J
M L I N S C G S I D I N G G O R H H F U
Q Z P A N E L E D U O S T E E R I N G Z
F N C P I G W O O D G R A I N M F U G R
```

BUMPER	DASHBOARD	EXTERIOR	FAUX
INTERIOR	INURED	JAUNT	JITNEY
JUNKET	MODIFIED	OLD	OUTING
PANELED	RAGTOP	RETROGRADE	SIDING
SORTIE	STEERING	TAILFIN	TOUGHENED
WANDER	WOODCRAFT	WOODGRAIN	WOODIE

Solution is on page 117

15

13. ISLAND ESCAPES: TIKI CULTURE

The art, style, and attitudes of Polynesia inspired tiki culture.
Tiki became huge in the 1940s when it was seen as a way
to unwind after a long day at the office.

```
Z X C X S Q B E E H Q G D X Q K L O I Z
N B P Q E A R L S W T A Q A A M M U G X
D C E M D P P A E M I K L Y M L Q I I Y
E V O M A P W U L G K S N D V G A R S P
H A R C A D Q S A M I I E M X O U T L A
Y Q B E K I V C C V A U J Q M A V O A C
E I N E T T I M A I T A I Z P Z Z U N I
O I T S A T A I H G W S N X F K C R D F
P Z Y H O C I I N L L P K T D I P I E I
O M G X L O H I L H L R L E N C L S R C
L E E U V Z V M L S O H I A L A J M C W
Y M I A A R Z M P U Z S E T C S R T H A
N D T J A L E V M J A C P I U Z U U D U
E B S C H W O O C U O T I P A H M M X
S F S O F I X H M D D U L O T X L I S W
I V K U Z H H J A A A O Y M K A E A F Y
A P A L T B S U Z N H X I V S F L L B K
H H A W A I I Y E S C A P I S M C I T Y
A C S P V I E P H G V G L X U Q R V T S
H U K E L E L E P K K F P O B T N T O Y
```

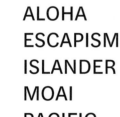

ALOHA	BEACH	CARVING	COCKTAILS
ESCAPISM	EXOTICA	HAWAII	HOSPITALITY
ISLANDER	LUAU	MAHALO	MAI TAI
MOAI	MYSTIQUE	NAUTICAL	OCEANIC
PACIFIC	PINEAPPLE	POLYNESIA	RITUAL
RUM	TIKI	TOURISM	UKELELE

Solution is on page 118

14. DELECTABLE JELL-O DISHES

> *Jell-O was a dessert staple for Baby Boomers. Jell-O made everything more fun and wiggly with moldings stuffed with veggies, shrimp, and hot dog slices.*

```
U B L A Y E R E D Y B D W H Y S R F Z N
D T P G D X V H B T O F Y T J H E T A I
E H D G E P O E Y M A R A T Y Z L B H U
C F E M S N I U L K A T A S A L Z N L B
A Z M F S N U Q U G P U O K A N Y K T L
D L S L E K W L U M W L Y G U I G D I W
E O Q U R R Z S S T R A W B E R R Y L E
N L C F T M O R A N G E S Q W T F Y K D
T X H F Y C T C O L O R F U L O N V P E
Y N P Y Q A H Q G I E L E Z S I L K Y L
M D A P Q P R K D X M D Q T A N G Z W E
W E P V N B S L F R P B D T I V R E N C
Y L D T L J O M I L K D I T L S A S A T
S I C Z N M T J H M T U A Z Z W P T E A
O S A R E A Z F T N R L R C Q E E Y Q B
I H X M E Y L S O F E H W H H E V S J L
Y K I M N A X W D G W K U E Q T H H L E
R L E M Z K M L E M O N G R L P I Z F V
T R C F V X C Y I R U E F R K Z F W J B
Q T P U U V V K R W J B W Y J K V B C T
```

AIRY	CHERRY	COLORFUL	CREAMY
DECADENT	DELECTABLE	DELISH	DESSERT
FLUFFY	FRUIT	GELATIN	GRAPE
LAYERED	LEMON	LIME	MILK
MOLD	ORANGE	SILKY	STRAWBERRY
SUGARY	SWEET	TANGY	ZESTY

Solution is on page 118

15. BOUFFANT HAIRSTYLE

The bouffant is one of the most prevalent hairstyles of the 1950s, involving dramatic volume and ample hairspray. Stars like Connie Francis and Sophia Loren, who brought the "European bouffant" to the US, were fans of the look.

```
K G L A M O R O U S W M O F I H A N E X
I D R I A G X O L J E Q R A C B O X R G
M O W K Z V D E N A S H L Q M C K B P B
B D N M O W G W Z S B C E O G E M Q X D
H I G H C U R L E R I Y C Y L T W A F P
R O Z O U B V G D O G T G Y V I L Y T K
L D T T J M P L Y E K N T D O B H C E S
Q L O H M A X C I F Y S E K L O S R X T
F U L L I I J W S A R S U E U U A O T O
E P U F F C F W R I A S I E M F L U U U
D Y T L Y I K P A E I I D U E F Z N R S
R U D U X T S H T C K D K E U A K D E L
A R Z F N T Q S Y B O R U S W N I E L E
M J I H G Y H J N M A I O I O T R D O D
A Z Z Z R N W P T O D C F L W T E K S M
L C S P G U P D O U S Q K F L S E V S Y
E L E V A T E D S S T O M C U E S E H S
L I L W Q B D E O S F Z A D O R R U G W
J D L A T B X A H E B Q O L P M E R I I
F W L L W H S C M H C A A I P A B P E W
```

BACKCOMB	BIG	BOUFFANT	COIFFURE
COMB	CURLER	DRAMA	ELEVATED
FULL	GEL	GLAMOROUS	HAIRSTYLE
HIGH	MOUSSE	PUFF	ROLLER
ROUNDED	SPRAY	TEASED	TEXTURE
THICK	TOUSLED	UPDO	VOLUME

Solution is on page 118

16. FRANK SINATRA: COOL CROONER

Frank Sinatra's fans were known as "bobbysoxers," often teens and primarily girls. He was the first major pop star, let alone a teen sensation.

```
Y D V X D I K X A C E L E B R I T Y R W
I B E C H A N T E R P Z M W L D W E R F
L M L T X T Y Z G W O U D K V T N E X Z
P E V L A N Y N Q D L Q H K D O N B X H
R L E W P V I K S S I X A M O I D G E R
O L T P X R J O D U S H C R A J A Z Z H
M O Y Y U A T I U L H K C T C H Y A A V
A W U L X H T A I T E Z R A P Q I Q F I
N K L A T S O R J R D E A Y L E E W P Y
T A X O M V D T K Y T T H U V S Q R T K
I O O N F O K I M N S U F A R U D N A F
C M P U M C Y S E I B L U E N M K B I A
S Z J B Q A N T O A U S G S E D E O Y M
K S B U O L M L X O S N P E P Q S E N E
L A V C E I O O S C I W T A P V U O M D
R X C V K S C V C S I L F Q B B B C C M C
X T A T T T G U S J O B R Q K T X O N E
W E A Z O R P L F D Z V V V W N X O E M
K K H J C R V T I D G L K V U I H L X M
E H L Y H E A R T T H R O B B G P Q B T
```

ACTOR	ALLURING	ARTIST	CELEBRITY
CHANTER	COOL	CROONER	ENTERTAINER
FAMED	HANDSOME	HEARTTHROB	IDOL
JAZZ	MELLOW	POLISHED	ROMANTIC
SINGER	SMOOTH	SOLOIST	SOULFUL
SUAVE	SULTRY	VELVETY	VOCALIST

Solution is on page 118

17. WILD WEST WORLD OF BONANZA

Bonanza was a Wild West version of the Legend of King Arthur. Filled with a combination of Western setting, action-packed stories, family drama, and laughter, the producer envisioned Ben Cartwright as King Arthur and his three sons as his knights.

E D S F R O K N Y M L R O X Y O I A P B
L B U D I L O S G W B C E D M J J O X M
K N V S Y O A Y W O H R C V E W T U P I
A T Q P T D G S C I L T O R O P G A I H
B B S X K Y E R S A K D Q M K L U R Z M
I P H M Q A R Z C O T G S L K T V T G F
T J E A I W U A K L J T E Q I I V E Y C
U R R R B J K G N P P U L D Q U D R R Q
S Y I S O R D U L C D G N E Q X B D M G
D P F H N U A N X O H A Z R B C C M I F
U E F A A S R F M N B C O W B O Y E N B
E A N L N T C I F R O N T I E R V I I X
A S H Y Z I P G H G U Y W P F W N P N O
M A H O A C B H G U N S L I N G O C G U
N D J M R Y M T C O R R A L H S N M T T
R D I E Z S W H I G C V T W V I X I E L
L L Y Z A G E Z Q B U I T C E E Y G B A
G E Y L N K P O N D E R O S A W Z M O W
M D D S V Y E O E R K P P R Y Y X J M L
W X N L N Q U O Y F I W E S T F Y P X H

BANDIT	BONANZA	CATTLE	CORRAL
COWBOY	DEPUTY	DUEL	DUSTY
FRONTIER	GOLD	GUN SLING	GUNFIGHT
HORSE	LASSO	MARSHAL	MINING
OUTLAW	PONDEROSA	RANCH	REVOLVER
RUSTIC	SADDLE	SHERIFF	WEST

Solution is on page 118

18. I LOVE LUCY: LUCY-DESI COMEDY HOUR

Lucille Ball agreed to star in "I Love Lucy" only if her real-life husband, Desi Arnaz, was cast in the co-starring role. The couple became two of the most influential artists of the era and 20th century.

ANTICS	CHUCKLE	COMEDIC	DESI
FARCE	FROLIC	GLEE	GUFFAW
HIJINKS	HILARITY	IMPROV	JOVIAL
LUCY	MERRIMENT	MIRTH	NEW YORK
PRANK	SATIRE	SCHEME	SHRIEK
SITCOM	SNICKER	TELEVISED	WITTY

Solution is on page 118

19. HARLEY-DAVIDSON MOTORCYCLES

Harley-Davidson made immense highlights during WWII by supplying military motorbikes. The company rebranded itself at the war's end by releasing the world's first-ever superbike, the "Sportstar."

```
Z R P G G W I E S Z A B W C U S T O M K
L O R Q R K X C M T M O T O R C Y C L E
M A D J Y A K C S Z C V M E U Z J L C N
I D C K B W K U R K I O W Q B X M B O H
W E J Q Y K A E Z U Z U S B X K K I Z W
P Q C N N H P Y Q X A L T O U R T F R F
H J J A X P L H E L M E T N R I P F B D
H T T E O Y X N Q G K J R E N R F Y K F
M D W H A M E R I C A N G G E J E U V M
Q B C M U Z T I R T C N I D K K W T Y T
L A K H O H K M H K I A N Y G Z C K J E
E G V O A W S C B R P U Z F Q R E R T I
A G Q T H R H P P T H N M F G L I K K J
T E X H O H L S A T I W Y I B T C P M O
H R D R G M Q E H N H M U I R G H E E S
E B S O E Y M X Y Y X Z B F H R R Z Y N
R R V T W G A S N M S A F I L P O A K W
Z X G T I E Q I L J W Q T I K E M R H L
C E L L B C L U T C H F A B Q E E F L D
U W O E U V M B O J D M Y F J H H U X I
```

AMERICAN	BAGGER	BIKE	CHOPPER
CHROME	CLUTCH	CUSTOM	EXHAUST
GAS	GRIP	HARLEY	HELMET
HOG	IGNITION	LEATHER	MIRROR
MOTORCYCLE	PAN	ROAD	SPRINGER
TANK	THROTTLE	THUNDER	TOUR

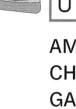

Solution is on page 119

20. TROLL DOLL FUN

Thomas Dam sold the first wooden carved troll dolls in the 1950s. What started as a hobby became profitable, with him selling over 10,000 trolls in Denmark each year.

BELLY	BUTTON	COLLECT	CUTE
EYE	FAIRY	FANTASY	FURRY
GEM	HAIR	HAPPY	HUG
JEWEL	LITTLE	MAGIC	POPPET
POPPY	RAINBOW	SMILE	TINY
TOY	TREASURE	TROLL	WILD

Solution is on page 119

21. SWANSON TV DINNERS

C.A. Swanson & Sons created the first official TV Dinner brand in 1954, with over 10 million meals sold in the first year. The meal consisted of turkey, gravy, cornbread stuffing, sweet potatoes, and buttered peas.

```
N R H G A Y X F J A S E C O Q K I L O X
M R C Y C Y S N T Y X E H F Q E N D R S
I J T R Y J X S V T C V O X T Y P D G U
C Y V I W V A Y C I A H Q K S R E M A L
R K G M D P S Y R H P I Z Z A H O B N O
O C A K X A F Z P C I H K E C E R X I Y
W V J K E F B U C N I C F J D I T I C M
A J C B K I T X U S I N K E Q I U S M A
V R K E N Y J P C U N Z L E K O N X S P
E C S E Y I J O Q N U B J H N T M N T M
J F H F C B I F M E A L S Y E C B T E J
F X L E S O U P A T K I F L E P K P M R
Q B T F E M L O E S F S E S W A P N W P
G U J X C S F G Y W L M H J G J N S I U
Y R J Q J G E W U A O A F E A S T A J E
J R H P I V D R S N Q N S R M O L U K Y
C I O Z Q T S Y R S N J D A O O U C H W
N T B U R J W C Z O A Y Q H G Z C E R Y
F O H I H G A U Z N H S F Q P N E T T P
K I J U J E C C A S S E R O L E A N C C
```

BEEF	BURRITO	CASSEROLE	CHEESE
CHICKEN	DINNER	EASY	FEAST
FISH	FROZEN	LASAGNA	MEAL
MICROWAVE	OMELET	ORGANIC	PASTA
PIZZA	QUICK	RICE	SAUCE
SHRIMP	SOUP	SWANSON	VEGETABLE

Solution is on page 119

22. DRIVE-IN MOVIE THEATERS

The 1950s is known as the Golden Age of Drive-Ins, with over 4,000 drive-ins across America. It reached its peak popularity following the end of WWII.

```
Y X E E I M R C G C M O P R G H C G I M
S L C H G N K J G O E L Q N K K K Y M O
F H B A E D W Z D K T O I C F D O C A V
M R O E O M S M A E L K T N A E I U H I
C C R W C C L P K O R T R X M N X W U E
Q C O S T I P C E A K J U Z I H X I N F
S F G E F I I U P A B M N I L K X R T B
P E L J W T M I P A K P K O Y S O A J J
R E N C G X Q E I K H E K U X C D S W T
O H G T X V S P W R A S R M P A L A L X
J U H J R K G W K O U I F O M T I O O M
E T G A H Y O C M D C W P E E T M H T E
C S U N S E T S O U C Z N K R A L E Q S
T P O B V F B N O L W I N O X Z O X I U
O A T T A R A A N Q C A D A J D Z G H I
R U O A E Y W C L L L N K G N I G H T A
Q T T R Z L N K I B E O D X U V B E C T
X S S L N M V G G V O Y S W O J V O Q T
H K V F Z J J Y H A T T E N D A N T P O
S M A P K W B N T A I L G A T E H P K T
```

ATTENDANT	BLANKET	CINEMA	DUSK
ENTRY	EXIT	FAMILY	FILMDOM
LOT	MOONLIGHT	MOVIE	NIGHT
PARKING	POPCORN	PROJECTOR	SCREEN
SHOWTIME	SNACK	SPEAKER	SUNSET
TAILGATE	TICKET	TRUNK	VENDOR

Solution is on page 119

23. KOOL-AID STANDS

Kool-Aid is the official state soft drink of Nebraska. Each year, the town celebrates a Kool-Aid festival with a parade and special events honoring Edwin Perkins and the invention that put Hastings on the map.

```
J U G T J R E F R E S H I N G N A Q A V
F F R A I D I H S S J X M J A I I M R S
X I P I S A B Y A X T S V O G A R C B U
B I M L L G J R F Y L I N Y H C R X D N
R V D S F E G Z E O I G M Z U T O E S N
E C Q S T P V I C L K N D E S J V E D Y
E Z P Z C R R L Z B M N Z E V Q P Y W Q
Z P X N Q O E O E G M Y Z O W W H B R L
E D A D S U L E F M S U G A R H J E D Y
C W C W E T C D T I O M T H D E F V W S
R J Q S T P A B Q F T N K B C Z U E K B
A E N U H S L N T S S Z A I S W J R U T
S M G A I N O E D S L R U D S L B A H X
P I I F R Z E U E T A J V T E J T G M N
B K F L S T I N E R T I W G J X Y E L U
E H I J T S I N F S T Y Y H M A R K E T
R K V D X S Y R G L E V L O C A L F K B
R L H F U V D F L A V O R A R Q I E R I
Y O T B T A B L E P I T C H E R O R D U
O R P K G N V X P F X J J V C M H X Y Y
```

AID	BEVERAGE	BREEZE	BUSINESS
COLD	FLAVOR	JUICE	KID
LEMONADE	LOCAL	MARKET	PITCHER
PROFIT	RASPBERRY	REFRESHING	SIGN
STAND	STREET	SUGAR	SUNNY
TABLE	THIRST	ZEST	ZING

26 *Solution is on page 119*

24. ELVIS PRESLEY: KING OF ROCK AND ROLL

The King of Rock and Roll gained popularity in the 1950s thanks to his new wave music and sound. Elvis Presley has over 150 albums and singles, selling over one billion records worldwide.

```
B X F H L C H J E G R A C E L A N D B F
H K N N X O G O U T S T A N D I N G F R
E S I S C M G I H O N O R A B L E O A X
M B O N P T J Z Q J G Q S Z A R S L V M
I W R H G Y J D W S C S T O C K R U O V
N L W M M U S I C I A N A R L X D Q R I
E R U N U F X J F W P K R O X E Y O I S
N S V N I B D R P H S V G L N W A K T I
T R O R E S P E C T E D S L R F R D E B
R Q U L Z A M Y G N C U F Q A W P Q C L
E Q X B O W E H B J O C B B R O F U B E
M T K S D Z G I B L A T B W R O T V Y X
A J V N D E Y S U O B X U P Q V B X I Y
R H Z W O Z C B T K I I T P C R N U W X
K G K I E W A H K H D Q L C E I P K S T
A R U I P F N W Y T N I O P B L C K H T
B E O A I Z P Y W K E L V I S O O Y R V
L A R E P U T A B L E B Y T R S U G C H
E T Y D U Y B R E C O G N I Z E D O L L
T J O L G V E X C E P T I O N A L L D J
```

ELVIS	EMINENT	EXCEPTIONAL	FABULOUS
FAVORITE	GRACELAND	GREAT	HONORABLE
KING	KNOWN	LEAD	MUSICIAN
OUTSTANDING	RECOGNIZED	REMARKABLE	REPUTABLE
RESPECTED	ROBUST	ROCK	ROLL
SOLO	STAR	TUPELO	VISIBLE

Solution is on page 119

25. THE TRANSISTOR RADIO

50s

The world's first all-transistor radio was released in 1954 and revolutionized portable listening. People could enjoy music and news on the go, transforming how individuals consumed audio content since the 1950s.

```
R U B S W D G G O V F V K D P E E Z H V
W Z M I P Q F K C P S M I A A G Z T V U
V A B G Z F Z K R K L C Y Y J F D Q E S
A W T N N K R E H M D F A Q J I M R A T
M Z M A Q W V R R I I H I L W R R C R A
P B O L N I A O D L T I R D E K A O P T
L J N Y E Y F V P L G O N T D N C N I I
I V O C P E K M E G T A N F N M O D E O
T S E K V R A H B S B I L E Z Z P U C N
U R R A T W M V I M O H T N C Y N C E S
D A W Z T A D S W P N N N I D A X T F T
E O X W G A N U S X A N T X R I M O P C
N H C L L A W R A D I O V I N M A R K D
C T V Q R V W S Q E A R P H O N E L Z V
I W S T C H Q J Z R H C F T U N I N G Y
R A O M L I E E G J M A J T O N E A B X
C Q X B A B S K Y V X N Y G Y U I Z U V
U N Z N T L L L U U M V N U S Y I F I U
I E E O K G L R X O Z K Q U A L I T Y A
T K Z X W X A S I H F R E Q U E N C Y N
```

AMPLIFY	AMPLITUDE	ANTENNA	BANDWIDTH
CIRCUIT	CONDUCTOR	DIAL	EARPHONE
EARPIECE	FREQUENCY	MONO	POINTER
QUALITY	RADIO	RECEIVER	SCALE
SIGNAL	SMALL	STATION	TONE
TRANSISTOR	TUNING	WAVE	WAVEFORM

Solution is on page 120

26. COLOR TELEVISION BOOM!

The first commercial color broadcast occurred on June 25, 1951, when CBS offered an hour-long Premiere program to an ad-hoc network of five stations in New York, Philadelphia, Boston, Baltimore, and Washington.

```
A F O Z X S Z U I O M X M G B Z B B N D
T O J O U R N A L I S T V Q O Z V J C S
G R S Y V O Y E Z X W K X H N W D S E U
P E I V S J U H W Q D R E M O T E I W B
T C W X J A E P I S O D E M L O B L R T
I A B F O D T P P I L O T A G E A Z C I
S S P R I M E E B P Y A I W R P T Z H T
S T N C F T E W L O O C L O N R E K A L
O H M R S D T T W L R T T R X Z L K N E
C V W H O J Z D V E I C U M X N Y F N P
O M Z I U G T A M Z E T H B F N S L E Z
M G D C Q L B O D R D V E T E T Z A L R
M O G K V W F L I N Q P R Y D E F T P E
E V I J L N G D A C G A L Z Z L S Y Q P
R N I F I Q K M F F M D A A L L T R M I
C A K E U I E G N S Y L Y J S Y R C E Z
I H F X W D T X J X J P W Q S M E S J K
A O L R Q E X X L M Z M K M S B A U V C
L L V V B O R A C A B L E S I A M A G J
C G Z J Q S J J F N P W T R D Q F K X L
```

CABLE	CHANNEL	COMMERCIAL	DEBATE
DEMAND	DIODE	DIRECTOR	EPISODE
FLAT	FORECAST	INFOMERCIAL	JOURNALIST
NEWS	PILOT	PLASMA	PRIME
REMOTE	SATELLITE	SMART	STREAM
SUBTITLE	TELLY	TUBE	VIEWER

Solution is on page 120

27. BUBBLY FIZZ SODA FOUNTAINS

During the 1950s, Pharmacists created flavored sodas and sold them as carbonated medicinal tonics. This practice can be traced to the Victorian-era custom of selling patent medicines.

```
H I X C G Q S C Y B F O U N T A I N Y Z
Q P C Q W Y E Y U G Z U N Y U R X N O I
X A A A R S Q B O P E L L K N G B K O N
V Z G Q R Z O N X P V B S J P J N F F G
W I W L R B R D R N B W B Z N I Q R C F
V T O N I C O L A U C A L Z R U X O H Z
S O J V O A Y N B C Q M V D G V V T I E
E I P X P P X K A G V R O C K E R H L J
Y V W I W N T B I T U A W T A S O Y L S
J X Z U K E F M A I E L N P T N C Q E T
C X S W L U Z I C H N D P I Z H A M D R
X F B B P N N I P K M X D Z L J E H C A
J L O C R F C M U Q G A I O S L Z Q E W
Z G S N H C I M N K G F Y X Y S A H H T
U V S J P V O X C G J L X W R I S M S Z
Z S P U V A P L H A W F P N U Z Z Z P H
Q R J B N H V U A S L J N F P Z W Z M T
V P W L E D I O P O U R Y X X L Z H U Y
M D M M U E A P J D U B I Z K E C K G I
O U D Z S H R E O N F N S X N K X U T D
```

BEER	BUBBLY	CAN	CARBONATED
CHILLED	COLA	CUP	DRINK
FIZZ	FOUNTAIN	FROTHY	GOBLET
GULP	MUG	POUR	PUNCH
SIZZLE	SODA	STRAW	SUNDAE
SYRUP	TONIC	VANILLA	ZIP

Solution is on page 120

28. GUNSMOKE

Gunsmoke was the longest-running drama in TV history, from 1955 until 1975. The first episode of "Gunsmoke" was introduced by legendary actor John Wayne.

ADAMS	ARNESS	BLAKE	BRAWL
CABARET	CHESTER	CURTIS	DILLON
DODGE	DUST	FESTUS	GUNSMOKE
KITTY	LAWMAN	PIONEER	PUB
RODEO	SALOON	STABLE	STONE
TAVERN	TRAIN	WAGON	WESTERN

Solution is on page 120

29. SADDLE SHOES FASHION

In the 1950s, most girls wore saddle shoes while playing sports. The rubber sole was slip-resistant and well-suited for tennis, golf, and cheerleading.

```
C U I U C Z A D T S O O Q S V X Q H W O
S B T S V E R C O D X G B N V D L O I A
T H R A A D C Z X L T Y X A Y S D T S O
O Y A N Q L S S F S A R B L I U U T W U
U U D D A A U I O P U C S S L Y R Q I H
T N I A L S N K R D H E B O R E A L N G
Q G T L M T I C D L O V D S D M B F G R
A H I S U I F S T U R D Y E B R L J M X
M U O A F N O L Q L Y W L B P C E L O Z
E D N R O G R X A D O I G D R H V I V F
R Z A T R C M G R B A W M E E O A W Z E
I M L O M V P E L N V Y E P P A G R O A
C X E R A O N D B Q D F L C P B A U D A
A P N I L S T O D F Y U U Z Y P K I E Y
N Z F A Z O H Q A B I D W X R Y U C Y B
A G B L W C R W I N G T I P D B B D E C
L G H V L K M G E G L W E J K Y A P V U
C M R S H A P E D X M M V Q V F S C C H
B G P F F W W I H E E L C A C N G E V Q
W E F X E R W G I M F E Y G N I V D U N
```

AMERICANA	BROGUE	DURABLE	FAD
FORMAL	HARDY	HEEL	HOBNAILED
LASTING	LOW	NERDY	OXFORD
PREPPY	SANDAL	SARTORIAL	SHAPED
SOCK	STOUT	STURDY	SUEDE
SWING	TRADITIONAL	UNIFORM	WINGTIP

Solution is on page 120

30. POODLE SKIRT PERFECTION

50s

The 1947 Westminster Dog Show created a rage for dogs. It prompted Juli Lynne Charlot to be commissioned to make a skirt depicting a story of three appliquéd dachshunds, marking the start of the Poodle Skirt trend.

```
H U C O O Z C H E C K E R E D T M Q R Z
X S Q Q V J X C H I F F O N O W J Y C K
V H W Q M A H L S K I R T P R R R B O C
H V E D Y S E E P V L G C M L M E P T V
N M S S I T T X V J F H B G A W P T I
D F D U S U C K T I U D B F D T I J O U
H H G A A I U C Q R D C T Y Y Y E D N O
G O P H R E E L U X E G I R L U W J F E
V L I B F T I K Y U G A M F W O J P K D
X M A D Z X R U G I F G F L O R A L T E
W F K S S Z T U A P P L I Q U E A Y U L
D J K E N A P O S H X I A S I O S P L I
B Z W A A K I K C F J X R M Z K R I L C
P P S M P I X X W C U S I C D A J U E A
M O L Y P Z K Z C P S N W W F K D H Q T
V O C U Y T F I N A E W J I F W W R L E
B D W D R F E B M D N M E A S I E W W Y
K L Q B I Y L E G O P K U N T H X W M L
F E M I W Q T Z D C E O H R D R Q H O Q
H Z A D M I R E D A G T Z Z J X S Y F K
```

ADMIRED	APPLIQUE	CHECKERED	CHIFFON
COTTON	DELICATE	DENIM	FABRIC
FELT	FLORAL	GIRL	HAUTE
LUXE	PASTEL	PLAID	POODLE
POSH	SEAM	SKIRT	SNAPPY
SWISH	TULLE	VOGUISH	WRAP

Solution is on page 120

31. BEYOND EARTH: SPACE RACE

The space race between the US and Russia began with the Soviet launch of the first artificial satellite, Sputnik, in 1957. The launch surprised the Americans, leading to NASA's establishment in 1958.

```
D K U E K P R S S D B P L G A L A X Y P
Q M R Y U R U L P Q P Q T Z K K D W O T
X A B I A N C F U M W N U D O L P F S V
M A Q S E H Z H T P N B T T B W A E K L
E A A V Z K M A N Z W A S J A O U O Y T
E W R M Y F Q Z I K H O W G S Q R K F O
X T Q S L T Q D K P V B V N N W F B M J
P O U G T M E T I T A N P I H N P W I Z
L V S R A S T E R O I D U C A L G Y E T
O U Q A E E G X J X Y F N L Y I E P X Z
R S R V G U N Q Q H H U D E L V E K O K
A L D I O S P A C E A C T N S E W R P W
T J C T Y H U K N L W R W A H P T K L Z
I F B Y T T L S O Y U Z L Q P R G I A H
O G M E R C U R Y N K T H T C O E R N N
N W N W Y H D A T F A R L N C B M B E L
H D R S P A C E W A L K A Q M I I G T A
F U X Y M C M O P F M W T C C N N Q S H
T U S B U O X W U A M V Z H E G I R B Z
I W W S C T K Q X F C O S M O N A U T V
```

ASTEROID   ATLAS   COMET   COSMONAUT

DELVE   EXOPLANET   EXPLORATION   GALAXY

GEMINI   GRAVITY   INQUEST   LAUNCH

MARS   MERCURY   ORBIT   PROBING

RACE   SOYUZ   SPACE   SPACEWALK

SPUTNIK   TITAN   VENUS   VOSTOK

Solution is on page 121

32. MARILYN MONROE: HOLLYWOOD GLAMOUR

Monroe's signature breathy speaking voice was a tactic the actress used to overcome a childhood stutter. A speech therapist reportedly trained her to adopt the throaty style, which became one of her standout traits.

```
E Q Z P G T K Y I C A P T I V A T E D V
N F A S C I N A T I O N E E U G T P R J
C F F A P O Z X V M X X N N O G O K U M
H B R M L A G E C A K O T N K L Y V O U
A V A J A L T E A F E T H P Z B R D A K
N K U E V D U T Q O D O R E K L R T W Z
T K N R W J R R R J D E A A V A S A E V
I K T Z R S L R E A E W L P T C E Y S K
N D M A R I L Y N R C R L S K G N L T C
G S O S N J B B U D N T C W M L S U R A
J E F T W M Y L M I I Y I O Q A U O U L
R D T U G G L I T Z M V G V O M A P C I
Q U H N A I J D E R R P A V E O L U K F
Z C N N D E B F I K X P R B N U I L K O
E T E I W M O N R O E C U E Y R T E C R
Z I K N E T S Q A I T D S O S Z Y N G N
F V H G E N G R O S S I N G Q S Q C Z I
Z E R A C T R E S S L X Y S I P B E E A
B I C H A R I S M A D O K K H N B M C I
N A Q M P M E S M E R I Z E K H K K Z F
```

ACTRESS	ALLURE	ATTRACTIVE	AWESTRUCK
CALIFORNIA	CAPTIVATED	CHARISMA	DIVA
ENCHANTING	ENGROSSING	ENTHRALL	FASCINATION
GLAMOUR	GLITZ	IMPRESS	LURE
MARILYN	MESMERIZE	MONROE	OPULENCE
SEDUCTIVE	SENSUALITY	STARDOM	STUNNING

Solution is on page 121

33. LINCOLN LOGS

Lincoln Logs peaked in popularity in the 1950s when it was among the first toys mass-marketed on TV. The toy's rustic brand fits perfectly with popular children's shows watched by thousands of young "baby boomers."

Y Q K C I Z W O O D J I W V G T H M T U
Y H A C I X I M C H I M N E Y J R Z T S
F G O U R E U E I R Z I T E A J I E N M
O C Q M N O T W E Q A J B D W X M I L N
G S O V E E O L O H W H P S I O I M D E
K L B R N S T F Q R E C E Q H I X X X A
S Q F I Y T T R G E L R O U G H Y I E L
C W B Q E T E E S U O B I R E K N M P R
Z A C S S B I H A E G Y H T B H L A Y P
C A O H M P V M A D L I P U A L K R E E
L S Q U I D L E B N P S V J A G P P V C
B F L U B N C I N E D N A W A O E I J D
S O D N B U K F N H R C H W P D B C E A
L N M L Z P I I P T O C R J M A Y D S A
M J M V F C K L N D C K T A U I A F I D
T O Y C K H A P D G B Q K D F M L H M H
P E T Q A X Q B I O E L G D D T Q L P E
E P T W N F M W I X A C O N I X T Z L K
D X S H E E E R A N L A A C H W H Y E D
Y G O G N K M W T O I H F K K L M Y B L

AXE	BLOCK	BUILD	CABIN
CABINET	CHIMNEY	CHINKING	HANDCRAFT
HANDMADE	HERITAGE	HOME	HOMESTEAD
LOG	LUMBER	ROOF	ROUGH
SAWMILL	SETTLER	SIMPLE	SOD
SPLINT	TIMBER	WALL	WOOD

Solution is on page 121

34. ETCH A SKETCH MAGIC SCREEN

French electrician André Cassagnes invented the popular 1950s toy "Etch a Sketch," which he fondly called a "L'Ecran Magique," or Magic Screen because its appearance resembles a TV screen.

```
S R B G L F G R J U A Q E E O M O S Q O
G H A F E O T R A C E C B C V D Y C L O
Z X D I A F T B Q O P I P F I M D K A N
L Q G Y R I D U R O R J I N S N O M C M
W H F L N G O Q G C J B A S U F K Z I T
P E E E I U X B S N U N A R A E T Q M K
F P L T N R E N G R A V E V L A P X P K
T A W X G E I G V P M H I B P S A B R A
D D I V W K D K I D S H B Z D U S A I Q
S B L L Q H H L J K D I V U M Y T M N U
T R K O L C H G J U R O M Z K M I U T A
E T C H T U C H N C I E O R J M M S B T
D N H E I V S O S X T Q J D I S E E L I
C Z K F E U I T N I C G Q R L G V M R N
U S D T B T Z C R T P T R Z K E N E Q T
K P R O N S S W O A O F X A G B X N I V
Y Y N E J I T A P R T U X I P H P T G P
J K V L Q T D D R A W E R K C H G Z A F
F N T D P I M A G I N A R Y M T I R I U
I J V U O T R A N S C R I B E V P C L G
```

AMUSEMENT	AQUATINT	CONTOUR	DOODLE
DRAW	ENGRAVE	ETCH	FIGURE
GRAPHIC	ILLUSTRATE	IMAGINARY	IMPRINT
INSCRIBE	INVENTION	KNOB	LEARNING
PAD	PASTIME	SCRIBBLE	SKETCH
TRACE	TRANSCRIBE	VISUAL	WRITE

Solution is on page 121

35. LEAVE IT TO BEAVER

Leave It to Beaver debuted on a significant day in history. The show premiered on October 4, 1957, the same day as the Soviets' launch of Sputnik, earth's first-ever artificial satellite.

```
O B G N I S N S U B U R B I A J R V M U
M R H S B E A V E R D Z U O L J W S W G
A O E I I N K V H L O V I N G F Y G N T
V V A B I N N O C E N C E S S P B I N B
W N R L E P R I V A L R Y U M O G S L W
X I T I R A L C C M X K O U S S K R B J
S O F N J R W H P C C R L Q S M F J M F
Z P E G Q E R G G I C O P E Z L N D L K
Q Y L Q H N L O T I M S U I B K W A L L
C M T I Y T Z N D R U L V V I E T Y L M
I W O X Z I A U G O A I P Q K E W E A E
I H H R C N L Z T V Y D R L I M K I U T
R O M M A G X O E N R E I C A S G K M I
C L V A Z L I S E G V I O T A Y D X L Q
D E J Y E R S L Y A C S C H I E F L L U
D S P F G Q H U E O T D Z Q E O O U W E
O O B I Y E W L F J W D X Q G R N L L T
V M V E Q D C G X X E J Z H D G A L C T
H E D L I R M X A D O L E S C E N C E E
A U W D A W B A I C Z K P O G V M D G D
```

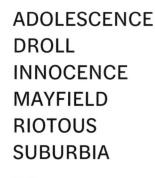

ADOLESCENCE	ANTIC	BEAVER	CLEAVER
DROLL	ETIQUETTE	HASKELL	HEARTFELT
INNOCENCE	LOVING	LUDICROUS	LUMPY
MAYFIELD	MORALS	PARENTING	PLAYFUL
RIOTOUS	RIVALRY	SIBLING	SOCIETAL
SUBURBIA	TRADITION	VALUES	WHOLESOME

Solution is on page 121

36. POGO STICKS LEAPING LEGACY

George Hansburg invented the two-handle version of the Pogo Stick, which grew in popularity in the 1950s. The new upgrade improved users' safety and allowed them to jump high and perform stunts.

```
F D R X M N O R M P D R Y Y T F L B M J
S P R I N G I M W Z T V B H U R D L E O
U J H M P B L A D W J K V O A E P N G P
O I S A V R O D E L I G H T I W V P R Z
D Y W J I P B U P L A Y G R O U N D L V
V R S M S G E I N F N O V E L T Y O T S
V I D M S Z K M Y C Z Y W H K T A E B R
H P U V P S C X L K E U Y L N I C Y O E
G M R A C W N R F F B V A E N N P I Y M
V J E O G V I B Y H P W M O A P O J H I
R L W O P F M P D S E E I I I O J O O N
U R Q W F E B Z U D T T L Z O R E Y O I
L I O X W G L N I I A L M T B N E O D S
B Y S L D H E S C L A K G K X A O U U C
Y K Z T L J L X E D G J T M C P J S F E
Z N N P I I E E L S J P N R U T O F K N
W X J P G C C V I M O U T P B U K G L T
T D Z T W P K K F L L L O J P K Z F O U
R E U P H O R I C E X H D F P I B W H J
M T A Q B S S S T N A Z I X B I R B G C D
```

BOUNCE	BOYHOOD	DALLIANCE	DELIGHT
ELATION	EUPHORIC	EXCITEMENT	HOP
HURDLE	JOYOUS	LEAP	LOP
NIMBLE	NOVELTY	PLAYGROUND	POGO
PROPEL	REMINISCENT	ROLLICK	SIDEWALK
SKIP	SPRING	STICK	ZIPPY

Solution is on page 121

37. VIEW-MASTER REELS

The makers of the View-Master intended it as an alternative to scenic postcards and initially sold it at photography shops, stationery stores, and scenic-attraction gift shops.

ATTRACTION	AWE	BINOCULAR	CARTOON
CURIOSITY	DECADE	DEPTH	DISCOVERY
DISK	FANTASM	FASCINATED	FIFTIES
FIGMENT	IMAGE	LANDSCAPE	LENSES
MASTER	MIRAGE	OPTICAL	SCENERY
SLIDE	VIEWING	WILDLIFE	WONDER

Solution is on page 122

38. CHEVROLET BEL AIR

The 1957 Chevy Bel Air is one of the most distinctive classic cars ever. It is an American icon primarily associated with the careless, calm days when Elvis Presley was the King and Rock' n' Roll reigned supreme.

```
T X V N B D Q T Y Q H Y D Q S X U Z W X
G A L Z T E O V P V Q A V Y R J K J Z C
Q U C E U Y L N Y S Q Y R E H H O O D G
O Y I X G C E R W P X L R D C Y G O Y U
Y P P C X H L P X E K O L Z T Z N R I P
C F B I U G R L L L T V M F U O E O V V
H C M T M F T L T S W U A D M E P P U R
E L W I S Y I O E D E D J T T S P E W I
V P S N M R H R G B Y E E S E G E N N U
R X D G G H B A D G E M S E I P G A C B
O V U Y S H U Y S S O B T G H R U I H L
L R A T Y U F B Z K P L I L A P K R A I
E I E E C C U K C S S E C A T O K K S B
T T A G J J G N W A E M P P C T I D S E
K Q Y X A P Y X C C P D K K H I O W I R
E B I M O L V U C H R E A G B R U H S A
H F T R I M C Y V E W O M N A E Q D P T
Y B A T Y Q N R V L U W A C S Z B N I
V D X H A N D L E Y X W O P K U X J N N
Y E N D U R I N G X T A I L L I G H T G
```

BADGE	BEL	CHASSIS	CHEVROLET
CHEVY	EMBLEM	ENDURING	EXCITING
GRILLE	HANDLE	HARDTOP	HATCHBACK
HOOD	HUBCAP	LIBERATING	MAJESTIC
OPEN-AIR	REGAL	RESTORER	SEDAN
STEER	TAILLIGHT	TIRES	TRIM

Solution is on page 122

39. SQUISH, SQUASH, SILLY PUTTY

50¢

In 1968, astronauts of the Apollo 8 mission carried Silly Putty to lunar orbit inside a specially made sterling-silver egg. Besides amusing the crew, it was also used to hold down tools in zero gravity.

```
H Q G Q I E O K C W K O D O R L E S S L
S P M O L D A B L E G C S S M M D R W Y
B N O N T O X I C L M R Q I B A H L C F
S O V L M O K I J B E P U L J L R W I L
P S U I Y O P V P O P N I I I L E L H S
A N E N S C L U Y L L R S C T E U A A E
T S C N C C H U B E A L H O Q A S Z O F
M M T W S I O R U Q L Y Y N L B A H T I
E O Q I G O N U O Y P A D E L L B P C W
J D G R C W R G S M A D S O W E L O E B
S E A R O K R Y D I E V V T U V E L A L
Q L V P Y K Y Z E P I F I S I G N Y D R
Y I A S L H I L I U L O R R X C H M H Y
X N R H W I I Z W T I Z T Y T X I E E R
I G I J E S A D F T X D H B G A X R S J
P G E Y N M V B H Y Q Z C Z U O G A I U
D D D E S L K T L O I B R R Z M O A V V
O Q T Y F J H V R E E G X N C V Z E E B
Z J H E R C O M P O U N D S D A O X Y Y
T H E R A P E U T I C O F U B N Y Z E G
```

ADHESIVE	BOUNCING	COMPOUND	ELASTIC
GOOEY	MALLEABLE	MODELING	MOLDABLE
NON-TOXIC	ODORLESS	PLAYDOUGH	PLIABLE
POLYCHROME	POLYMER	PUTTY	REUSABLE
SENSORY	SILICONE	SQUISHY	STICKY
TENSILE	THERAPEUTIC	VARIED	VISCOUS

Solution is on page 122

40. ROY ROGERS LUNCH BOXES

50¢

In 1953, American Thermos launched the Roy Rogers Lunch Box featuring full-color lithography and the cowboy's likeness, selling an impressive 2.5 million units that year alone.

```
M X M F O V A Q U E R O S A S V Q B R G
C O M G V K Q X L P R I S M A T I C N Z
B U T V C B P B G S L M R Z S B N R Y F
H L P T H S G D T K B B O X L V G A Z F
W X P W R T B O C Q Q V E N I P L S L H
P E V E M W O A T H V L S H O P R E Z P
N S U L B B B M D B R L U C J E F N C G
A M T M U T I M Z X Y A N V G E M X N N
T H I O U N V C E Y E O N O Y H F B C E
D R N O M L C O E M R V R C I C Y D D C
Z P I L Y D T H S B O T A V H R O I T H
C S X G Z D S I T T L R C N A E S O B U
A A B T G E R P H I H C A R S Y R R A C
C R M T O E T I U U M E I B R L E O N K
B X O P W I R E Z R E E R T I D R P D W
J H T U F L U N C H S D N M U L C G A A
X F E T N I P O P D F U H A O F I F N G
O I O V P D R S N F O W R M K S H A A O
U N V N O X U E W C M A A R T W O R K N
V Z T M B J K P F A M F E W S N Y J M P
```

ARTWORK	BANDANA	BOOTS	BOX
BRONCO	CAMPFIRE	CHUCKWAGON	COUNTRYSIDE
EVANS	LUNCH	LUNCHTIME	MARAUDER
MEMORABILIA	MULTIHUED	OUTBACK	PRISMATIC
RANCHERO	ROGERS	ROUNDUP	SPURS
THERMOS	TIN	TRIGGER	VAQUERO

Solution is on page 122

41. POPPING PEZ DISPENSERS

The original Pez dispensers had no figureheads. The company didn't create toy character heads for dispensers until 1955, coinciding with candy's introduction in the US.

```
A R U N C O M M O N E A D V U R C L U K
H R J P E R K Y Z K W C R E V D D P U W
G C V U C A O J A V Y E T V E C P G P Z
C A H V E N D I N G S S C L M P L R F K
E R W Q O K X Y K N A J I T H E M E D J
I D R I N S L L E T C A N D Y F S D W S
A B U A Y I E P R L T H L B W R A P Y F
G O A T L G S E G E Q W C M S E Y E C P
N A L V N I T E D J E K E M H W W Z O C
Z R F E D F E R K T D O R J T U A C P E
N D Z A A M Q M Y C H O C O L A T E A Q
V O Q K E T A N G I I K Z U O C J V U G
L A S S O R T E D D R I W T Z H Y S I Q
G L S S P A C K N X R E D R S C L I O Q
B T S M M H P U R S E U G I O H X Z O S
O U U H A A P V R E F I L L F P Z I Q D
H V C H E C I Q J G L E I V T C Y Q T V
H C H U F L K X S I R O Z Y C M I N T Q
W T I P S E F O F O C O N T A I N E R E
Y Z I T S D S Y H I B I O U F B I Q G D
```

AFTERTASTE	ASSORTED	CANDY	CARDBOARD
CHOCOLATE	CONTAINER	DETAILED	DISPENSER
HEAD	KOOKIE	LOZENGE	MINT
PACK	PERKY	PEZ	PURSE
REFILL	RELISH	SHELF	SMACK
TANG	THEMED	UNCOMMON	VENDING

44   *Solution is on page 122*

42. CALL OPERATOR STORIES

People couldn't make direct phone calls to one another in the early days of the telephone. They need a telephone operator to manually relay their call on a central switchboard linked to subscribers' wires.

```
J E C X Q P E X T E N S I O N L W L B S
M P R O F E S S I O N Y N D A W N I I W
V S W I T C H B O A R D G I H T Q B J I
I R T U S C O R D L E S S A T E Y X F T
P N N Q W S O Y H D G H Q L I L I C G C
I U C E N T R A L N M J B I P E G P W H
D M W O D L H E I V V D P N X P U V Z I
I C B E M M M T Z U O R C G C H C A H N
R S I P O I U C W E U E I U Q O O R A G
E E N P S O N J T J T V M N O N M K N U
C F T P R F R G K L G W E H G Y M N D I
T F E H A X X D Y X O V A G R I U E H D
O I R E E T T O L L I C R F S U N V E A
R C A L Z H C O A T N R A T T X I G L N
Y I C P S M G H R S G A T N E A C V D C
Z E T I Z Z Y O I A S P Z F Z Z A L G E
I N I S V R P R N N M I H J U V T B V M
N C O V J P B S Z O G Q S G D Q E U A I
U Y N B U P C V R K O O M T Q R J U P R
B T Z S Q R Z P P H M R O P D E H R W E
```

ASSIST	CENTRAL	COMMUNICATE	CORDLESS
DIALING	DIRECTORY	EFFICIENCY	EXTENSION
GUIDANCE	HANDHELD	HELP	INCOMING
INTERACTION	OUTGOING	PATCHING	PROFESSION
PROMPT	RINGING	ROUTING	SUPPORTIVE
SWITCHBOARD	SWITCHING	TELEPHONY	TOLL

Solution is on page 122

43. MARLBORO MAN MADNESS

Marlboro initially targeted women in its inaugural campaign. However, the debut of the Marlboro Man in 1955 signified the brand's dramatic shift towards a more masculine image over time.

V Q J L B L M W H D A U N T L E S S D R
J N H C Z M A R L B O R O Z Q K A G B T
X G F O O L H A R D Y M A S C U L I N E
K B V M M A C H O I A U P Y J K X A R X
U F F A S Q O C T Z O R Z O X H B H B Y
P Z N L L Z L B J I A Q E X T Z Z G O V
T T I I P I Z K N E R V E D X E N D L I
V F P S R Z A D A L N N J W E I N T D M
M I S M E C W N N K P H U J H V O C N A
R G R U C E Y P T V F Y U S E C I A E R
F T Q I K W R T P Q S W A S S Q R L S K
B O Q V L B G Z M T H D C A U J J K S E
Q U B E E E A B U A C A M P A I G N U T
A G X N S O L G J P N Z S E S U S N P I
V H P T S G L N J J S L X I R U S W M N
G N O U Z Q A F J L H E Y B H U E U E G
X E W R I R N I A U D A C I O U S J V T
V S F O Y A T U T T H E E C P G D E I W
Q S S U B K I N T R E P I D C R C T I S
I O W S S N A D V E R T I S I N G P V C

ADVERTISING	AUDACIOUS	BOLDNESS	CAMPAIGN
DAREDEVIL	DASHING	DAUNTLESS	FOOLHARDY
GALLANT	GUTSY	INTREPID	MACHO
MANLY	MARKETING	MARLBORO	MASCOT
MASCULINE	NERVED	POTENCE	RECKLESS
TOUGHNESS	VALIANT	VENTUROUS	VIRILE

Solution is on page 123

44. BETSY WETSY

Betsy Wetsy became one of the most beloved dolls post-World War II, ranking among the first dolls produced in African-American versions.

AFFECTION	BABY	BASSINET	BIB
BONNET	CAREGIVING	CHILD	CRIB
CUDDLY	DIAPER	HEIRLOOM	HUGGABLE
INFANT	LIFELIKE	NURSERY	ONESIE
PACIFIER	PLAYPEN	PLAYTHING	POSEABLE
RATTLE	REARING	STROLLER	TODDLER

Solution is on page 123

60s

The Beatles hold the world record for the "Most No.1 Singles on US Chart" with 20, which includes six chart-toppers in 1964 and four in 1965. Their final No.1 was "The Long and Winding Road" in June 1970.

```
K S B M Z P M E R S E Y B E A T F Z P L
H G V X P M G M V W L R M X O B F Z B E
O A L E G A C Y O N K G M O P T O P Z G
D A I H H X H C U V E F Y E Q K U R N E
C X N H O R C Y A Q P B G X D R R P U N
Q K F P C X G J S R N R I N G O Z L J D
V S L H H C V C V T T H U B N B P S D A
F S U E A H H I B V E N A R I R L U Z R
K O E N R A F F S E C R E L L E K V S Y
D U N O I R V A P I A T I Y I C O N I C
C V T M S T C N B Y O T R A R O N P X S
X E I E M C Q A X L U N L I S R C B L J
D N A N A J I T A E C P A E B D R O K G
P I L A T Z F I B N T Y Z R S U O O C M
O R V L I Y B C P N G P D C Y P T O F Z
T Y B H C I U I N O L L M V R A U E E E
P N S S J W V A U N O K S E R Y F L T M
P G O W Q T H M D A B N V R Y M N B B E
J L P T G U Q A J X A I U E V C X O S X
B I L L B O A R D X L W M H N X X E O J
```

BEATLES	BILLBOARD	CHARISMATIC	CHART
FAB	FANATIC	FOUR	GLOBAL
HYSTERIA	ICONIC	INFLUENTIAL	LEGACY
LEGENDARY	LENNON	LIVERPOOL	MCCARTNEY
MERSEYBEAT	MOP TOP	PHENOMENAL	RECORD
RINGO	SOUVENIR	TRIBUTE	VISIONARY

Solution is on page 123

46. CHATTY CATHY DOLLS

Mattel's 1959 Chatty Cathy Doll could speak 11 phrases by activating its "chatty ring" with a pull string on its back. Inside the doll was a LoFi phonograph activated by a metal coil winded up around a pulley.

```
F E I F Z Z N A H X A Y C O S T U M E A
T S Z Y W L I A C C E S S O R I E S C J
X T Z Y X V Y I R H O I N N O C E N T N
P Z P O A T T G T C V L G O G F G L I X
V M G U T R N J F L N F L Y V P K C W C
I F Y A U I Q P H O B D O E E K L T G J
K Y H B M J F J X T J C O L C F R A W X
N C J R S P E E C H V K E L L T L F Y A
L I A A G P W Y K E A T E R L I I U I T
M H A M W N P M S S T T H S O V V B P E
C G F A S H I O N A B L E K L V E E L X
E Z I X C C F P M A U R V F I P N G L E
N O B G P M H I O B L O N D E O G K P Y
E F R C G W J U G P B K G P T N A L E Q
R A U G F L R Q G U U R S O R Y G V W J
G V N J B B Y M H G R L L F W T I H D A
E U E A N I M A T E D I A H K A N G Z H
T D T P Z P B L A B B Y N R T I G S I N
I M T T Q K G I R G E U P E U L X L R A
C S E E E L O Q U E N T D N E V C M W Y
```

ACCESSORIES	ANIMATED	BLABBY	BLONDE
BRUNETTE	CHARMING	CHATTY	CLOTHES
COLLECTIBLE	COSTUME	DOLL	ELOQUENT
ENERGETIC	ENGAGING	FASHIONABLE	FIGURINE
GIGGLY	INNOCENT	LIVELY	MATTEL
PLAY	PONYTAIL	POPULAR	SPEECH

Solution is on page 123

47. HOWDY DOODY AND FRIENDS

Howdy Doody was the first nationally televised children's show, aired for thirteen years, premiering on December 27, 1947, and ending on September 24, 1960.

B C Z K T Z Q R P I G C Q G Z Z R Q B K
J A L A M E Q L K S X H L B Y N A W O D
B D T A C J L Q B P U P P E T H H Q J Y
C U I N R L P E S H O W C W Z G O J J Z
H F F L B A O L V L S P M P M G B F O T
R R Z F L A B W S I Q E D G R N A C K H
H I V C A Y D E N H S L R O J K F F E E
J E A H K L D C L I Y I M I Z W K I Y A
O N E I J X O O Y L W U O I E L Q L C T
U D P L M S A Z O V H E D N Y S L S A R
Z S E D I N G V D D Y D V Q V A J L U I
W H E R H L D A N J Y Y Z F D Y U Q X C
M I A E O B K H G G D A T K Z K V Z W A
R P N N W W O V B O S L A P S T I C K L
Y B T R D Z N S R Y W W N T F W P K R U
S C C D Y Y Y A N X P S U K G A M E S W
K E U P R L P J Y K O A N D K I V U Y M
I W L A U G H T E R H G W Z C W Q T N T
T E D V F T R Y P R O G R A M Q K X L W
V A Z S M P N S C G U O V C O M E D Y P

BUFFALO	CHILDREN	CLARABELL	CLOWN
COMEDY	DALLY	DILLY	DOODY
FRIENDSHIP	GAG	GAMES	HOWDY
HUMOR	JOKE	LAUGHTER	PARODY
PROGRAM	PUPPET	SERIES	SHOW
SKIT	SLAPSTICK	TELEVISION	THEATRICAL

Solution is on page 123

48. THE APOLLO MOON LANDING

The Apollo 11 moon landing was the most-watched televised event in US history. Across all networks, more than 150 million people tuned in to watch as humans touched down on the surface of the moon for the very first time.

Y F L R Z B Q V L K S Q E O S B J I T O
K P Z G Q X K I W S M H O K E B R L I K
R S X F O K L B M X I A H I N N U U X E
Y S C W Z T A A O P S N O I K C W V N D
Z P B A R T N G O O S P K F C X K O R X
Q A H M P A D V N O I E B U Z Z T A O H
S C H J P S M Z R T O P M K R S Y R C B
K E I P W A U Q E U N L S D E O A M K Q
L C S T M R A L S X E D O L V T H S E W
M R T U V Y P Y E L R W I I H N L T T T
O A O N K H O D A U A M Q I R F B R L H
O F R P O F L W R N U H U B M M R O I W
N T I U R O L S C A L E E A Q Y L N G E
W X C E E O O P H R T Q S U X H C G C A
A T A C W F B B E V E N T F U L I O C G
L T L D K V F E Z E P I C S U R V E Y L
K Q S F B V Z U B P I O N E E R I N G E
A S T R O N A U T A C H I E V E M E N T
N E Q E K Z N W M O M E N T O U S X M Z
H D Y K B Y C X R B M R W C O N H U X U

ACHIEVEMENT	APOLLO	ARMSTRONG	ASTRONAUT
BUZZ	CAPSULE	EAGLE	EPIC
EVENTFUL	HISTORICAL	LAND	LUNAR
MILESTONE	MISSION	MOMENTOUS	MOON
MOONWALK	PIONEERING	PROBE	QUEST
RESEARCH	ROCKET	SPACECRAFT	SURVEY

Solution is on page 123

49. ALUMINUM CHRISTMAS TREES

60¢

The Aluminum Specialty Company of Manitowoc, Wisconsin, helped launch the national aluminum Christmas tree craze of the 1960s. Their Evergleam tree was the most popular available, and several million found their way into American homes.

```
Q N F O G M A Z T R L R C S Q R T R E E
Z S B L M B B R R E F L E C T I V E C W
K N O D P O A W T K G L E A M I N G N E
F C R G A U D Y X I W C L A S S I C R L
J E N E E P A E M Y F L B J S D O F Q V
Y X A Q P Q H D R E V I S H S J E G Z O
P A M L S J K O Q N B F C P L S B G P E
H L E H L R U I Q R A P H I A N P A P A
U U N Z H B E Z Q V W T J Q A R O B O S
L M T H O F U T U R I S T I C L K G F G
K I I G L Q J D R N O V E L H L O L Q M
G N N K I G N M D O A W Z R N J L I E G
U U S X D Z J M A M X B R I G H T T K W
E M E J A H D H E L S I L V E R O T J O
I G L R Y I F M Q Q A N P M D B C E G D
N X F L A S H Y S S K L Y N Y B W R M C
K A C E I H D J Z U C H R I S T M A S I
J N D E C O R A T I O N P D N Z B G Z X
C N S T Y L I S H N O S T A L G I A T S
A R K W H I M S I C A L M M K C Z X P T
```

ALUMINUM	ARTIFICIAL	BRIGHT	CHRISTMAS
CLASSIC	DECORATION	FLASHY	FUTURISTIC
GAUDY	GLEAMING	GLITTER	HOLIDAY
MODERN	NOSTALGIA	NOVEL	ORNAMENT
REFLECTIVE	RETRO	SILVER	SPARKLE
STYLISH	TINSEL	TREE	WHIMSICAL

Solution is on page 124

50. UP, UP, AND AWAY!

The 1967 pop song "Up, Up, and Away!" by Jimmy Webb soared up the charts and won both "Record of the Year" and "Song of the Year."

```
F R M S T A G I G S J I M M Y Q V L Q K
O C Z I Z Y J C R E C O R D I N G R H Y
M V R B M B L Q O F V G U S K Y Z N U C
N L G N S V J D E T B B V A H R T Z T E
W J U M S H T Q H S Q K L E S L Q F X L
H X J G U H Z N E Y D F N A N C H T G E
Y M E T T R S A M O I A L B K T E I T B
M E L O D I C M N B L H V Y X T U N T R
G L E T H E A V Q P Y P X G I O X R D A
U I F V S R A E R J X T W L C N S Z E T
H N G R G K N I U I N K I S W D G F B E
A S J U R D A E U P H O R I A E H Y Q H
P P O K T A B B P S V D S H S O B F H K
P I P W E S C A P A D E Z D K H N B T H
I R T Y H J O S T D C M U O R L C N R W
N E I S U Q Q O W D R O Y F N Y R U G Y
E U M E L E V A T E L E X N H R F C T Q
S X I V R X U R Y C K B A Y Q I L O W T
S S S P Z S U N S H I N E M S C U X F C
M F M E X P E R I E N C E R I S Y B P D
```

AIRPLANE	ASCEND	CELEBRATE	CLOUDS
DREAM	ELEVATE	ESCAPADE	EUPHORIA
EXPERIENCE	FLYING	GRAMMY	HAPPINESS
HIT	INSPIRE	JIMMY	LYRICS
MELODIC	OPTIMISM	RECORDING	SKY
SOAR	SUNSHINE	VENTURE	WEBB

Solution is on page 124

51. WOODSTOCK FESTIVAL

The Woodstock Festival of 1969, dubbed "Three Days of Peace and Music," was one of the most significant events in music history, attended by over 400,000 music lovers. It was the culmination of cultural changes that had taken place across the decade.

```
H A V O I J P B N T D W D X T C Z C T R
W M T S C B A D O P U B L I C Z J U Z D
O D X L I N C L U S I V I T Y U I H D W
O B V F V B I L A J K R T D H T D B I M
D G P E R F O R M E R G C V T O E B V C
S H I B A N D B E T H E L F K P A H E Q
T R I C O N C E R T D N W X I I L K R B
O S E P P L Y F A C C O R D E A I E S I
C O W S A T O J A G C T Q Y F N S K I Y
K L M J I M P H D A C A C Q C Z M E T O
J I K N D G I I N U N B O F X R C Z Y S
P D U C E D Y T V L W L S C S N O N S J
J A U C V B W Q Y O B E H D A T T E J Z
V R A Z O U J G F D T Q Z I L C R V R W
W I X P T C F V W H B A L X A P R N R S
G T Q R I V Z W C K B L L P X C A A G C
C Y N A O E G U T L A H Y E E S Z Z C H
L V M N N K L H I S T O R I C R O W D T
J W D W A D S I S T E R H O O D A Y X U
B N Y D E T R U R F E S T I V A L A Y W
```

ACCORD	ALLIANCE	AMITY	BAND
BETHEL	CONCERT	CROWD	DEVOTION
DIVERSITY	EXPRESS	FESTIVAL	HISTORIC
IDEALISM	INCLUSIVITY	NOTABLE	PACT
PERFORMER	PIVOTAL	PUBLIC	SISTERHOOD
SOLIDARITY	UNITY	UTOPIAN	WOODSTOCK

Solution is on page 124

52. VINYL RECORDS REVIVAL

A mono copy of The Beatle's 1968 chart-topper, "White Album," is the most expensive vinyl record ever sold. The record was sold for $790,000 at Julien's auction house in Los Angeles, California, on December 5, 2015.

Q R O K Z X Y M B R R D A N H W H Z U J
J E O L D I S C A C P P B A C U E P L V
F V P C A H Y B L N R S T P U C J Q V C
T I H F A S M Q J B K A A N Q D Z J O D
M V P G V R F A E Z O Y C T Z S I G P C
Z A P I I N T X N I N T B K B L N O L K
H L L C N O L R H A T M L B L E C P A R
P S A X Y S N O I G L U O Y B E I N Y I
R K Y J L T S R A D F O P W U V G T B Z
O Y E E O A O R R T G P G N C E B O A D
D K R I S L D Z S R A E H T T Z V N C G
U D K S T G Q I I S E W X V D D S E K R
C A I S L I W B B L G J A K M I V A G B
T H I X J C O Z D R Z M A R B L B R B K
I R E I S S U E P W B C S J M V L M D W
O M I T R F E Y B C O L L E C T I O N G
N N D Z O N S T U R N T A B L E H K R Q
M G Z N Q J X P L W X P R E S S I N G U
A B K Y F M O J I W G A L B U M X W R L
N X K F W Q L X X N O I U D R B P M V C

ALBUM	ANALOG	AUDIO	CARTRIDGE
COLLECTION	CRACKLE	DISC	HISS
NEEDLE	NOSTALGIC	PLAYBACK	PLAYER
PRESSING	PRODUCTION	REISSUE	REVIVAL
SAPPY	SLEEVE	SPIN	TONEARM
TURNTABLE	VINYL	WARMTH	WISTFUL

Solution is on page 124

53. SCHWINN BANANA SEAT BICYCLES

In the 1960s, the Sting-Ray, Schwinn's most celebrated model, was created by combining muscle-car style and bicycle design. It featured high-rise handlebars, a banana seat, a stick shifter, and a racing slick tire that every baby boomer kid wanted.

```
I R M D B K X C O L O R E D V V V L A B
T J B V B P N L F Z V B C C R G I C C R
A B T K E H E S P R Y D A R H B W D N Z
S X M E O C H D I J W G A S U R Y J D M
T R E N D Y X O A E J L M P K I O X M S
R K Q H M V I E P L R A V F P E S M Z I
X E V I B R A N T R U S K X L E T E E I
K K W H Y T S V E I B E L L T C R Q R D
G W I D A M R D J D C L Q R J U F S B U
P Y B L I N N M D E I Y S J A E C P Y H
H W U F Q E D M E V C E C N E F S L R E
L U P Z F O E L G D I O A L P Q E A Y A
U N S L B M F I E R U N M B I C A S E D
Q S C D W R J S O B A J F F W N T H Y L
M Z A X A L N M H B A R K T O O G Y I I
B U L X S M E G L B B B R C D J R B A D G
R G E D M M X J Q R F K S J D Z T K F H
B I C Y C L E S W A M Y E T Q N O E H T
A R W I L K J Z P K B X B D H G F S A S
A N V Q R O Z D H E Q R E F L E C T O R
```

BANANA	BASKET	BELL	BICYCLE
BRAKE	CHROMED	COLORED	COMFORT
CRUISER	CYCLING	DAPPER	FENDER
HANDLEBAR	HEADLIGHT	MEMORIES	PEDAL
REFLECTOR	RIDE	SEAT	SPLASHY
SPRY	TRENDY	UPSCALE	VIBRANT

Solution is on page 124

54. THE TWIST DANCE CRAZE

The Twist, a dance by swiveling the hips, was a worldwide dance craze in the 60s. The Twist gained immense popularity after Chubby Checker danced it while singing the song of the same name on the "Dick Clark Show" on August 6, 1960.

```
E R O U T I N E T F Z Z A U P Y W X V E
B H S S J C O P D E M M K Q X Y Q X W P
X W W H I K N W A T O F W U B T I X L I
Y U I H M A S M N D V A Q B F L M D P E
C Y V I D E I C C T J V U D R M R O H A
A O E N M N B X E N D H G E E B L E S
R U L F H Z N K R N C A X S K C H U N Y
E T C E S M F Y F N T L N C H K B Y O G
F H U C J G X U G S U Q E C V O O D M O
R F F T R A G E I F M H F W E G U T E I
E U I I U A D W R D C E O T B H A T N N
E L G O O L T E E J H A O V J B A Q O G
L B F U N X E T Z T I P T V T A V L N Q
Q W B S U H I H I N T J W C B K U E L G
X K M B C R T L A M L D O X N D Z N L N
K J H J I J B M N V O K R Z Y A X G T R
J V N P Y M L Y T X Z M K J R J I V E Y
G I S Q K J N C X X Z C G C Y D G Z G N
E B B B H R D U V A T A P P I N G K O D
M E W M T C U Q R X X G A Z L A T O J Q
```

BLITHE	CAREFREE	CHECKER	CHEERFUL
CHUBBY	CRAZE	DANCE HALL	DANCER
EASYGOING	FOOTWORK	INFECTIOUS	JAUNTY
JIVE	MANIA	PHENOMENON	RAGE
ROUTINE	SHOUT	SPIRITED	SWIVEL
TAPPING	TWIST	VIBE	YOUTHFUL

Solution is on page 124

55. SPIROGRAPH SPECTACULAR

60¢

The word "spirograph" is derived from the Greek words "Spiros" and "grapho," meaning "propeller" and "to write." Distributed in the US in 1966, it is a creative toy capable of drawing the most intricate and ornate geometric patterns.

```
J N G U P N U Z C O D C B S V Y P G M C
A A J D S R Y N J D X I A K B J X B K R
Q B L K S X E Z T D I Q P V V X M R S E
Q E G A A X G C Q G R R T T J B P C S A
G S Q N Y K L F I C D A T I B Y A S I T
S T Z K R O U L E S T H W V T R T I N I
U H T W O W U H Z Y E H H I K W T L T V
C E U R P C H T L N V P E O N W E O E E
Q T A F F E C U R V E P N R B G R M R L
B I M M X C N R U D E G J V A B N O L F
C C D H H Q S B E T T G E A R P Y M O H
Q G E M C Q U T I T O Q Z Z B E Y C C G
I U R R Q B A S Y M I P L I N E I I K P
Q N A T O L I D R L Q N U E L J C R O K
O R K S P U F O R M E A R G W C G C Q O
O V Q M Q W S Y M M E T R Y X A I L W J
D K E X R O T A T I N G T T W E P E O A
W T E M A T H E M A T I C S Y Y O G C B
Z C X L R G E O M E T R I C Y L N K F H
O B S X J C S Y L R S J F P I O H L P X
```

ART	CIRCLE	CREATIVE	CURVE
DRAWING	ESTHETIC	EXQUISITE	FORM
GEAR	GEOMETRIC	HOBBY	INK
INTERLOCK	LAYOUT	LINE	MATHEMATICS
PATTERN	PEN	PRECISE	ROTATING
STYLE	SYMMETRY	TEMPLATE	THERAPY

Solution is on page 125

56. RETRO RETREAT: POP-UP CAMPERS

In the 1960s and 1970s, travel to National Parks increased in popularity, music festivals became more widespread, and people traveled more for fun than ever before, making recreational pop-up campers a permanent fixture in American culture.

```
V U I N M J U R L W I L D E R N E S S H
J C O E O G A G P I T T P L R G M X F A
O V A I O M S F A P G R I L L A K P E W
R A I M E C A B R X O H E C C I J T X S
O C Y R P F W D K T W P T C K N P T P N
A A W H A S B M S G M E U M A E W E L Z
D T Q C I H I E S R T Q J P G M D J O D
T I M B H S R T H U N P R A K S P H R V
R O W O T O B L E I E Z R O R X U I E R
I N D N F H O T L R T O X E P K K M N G
P E A D E I N A S N T C P F T D D O S G
S Y K I X E F A E S R M H I K G P F G B
S W E N V P I T A Z A E U O R E C O Y Y
J N U G S A R O D C R Z J R O T W L T M
D J R S F T E B K U S K V P E A F D O N
O Q W D V C Q H T W C T F C I W K A W K
B U V J B T R A I L E R V Q L A X B G G
P C J U C F N X E L W R E S S Y U L Q I
D N G G B C V C P Z O U T D O O R E F J
N K Y E C T N U B K V K Z Y B T R C I I
```

BONDING	BONFIRE	CAMPER	CAMPING
CAMPSITE	EXPLORE	FOLDABLE	FOREST
GETAWAY	GRILL	HITCH	LIGHT
NATURE	NOMAD	OUTDOOR	PARK
POP-UP	ROAD TRIP	STORAGE	TENT
TOW	TRAILER	VACATION	WILDERNESS

Solution is on page 125

57. THE SUMMER OF LOVE

The Summer of Love was a social phenomenon in the summer of 1967. As many as 100,000 folks, mostly young people sporting hippie fashions, converged in San Francisco.

```
C V C T M Y K Y O P C I W B U J S U U P
V G Q C N X T F P C A O L U N I S O N Y
I G Q D X R C F I Q C O K B V X W I D E
K C S X E E Y M G V M H Q A C Q D B Z D
H I O B N G S L R I Q R O U J F Q O Y M
A J I C L O F R A T X V N I H V C G U G
S L C E C K M J T K T J U Q C R O O M F
U P O J A C O O I W A R M L Y E N N A M
M A H M F S J Y T W E B Z P N P C E T R
M X E W O A E I U S R O R N E V O N U P
E U S P L Q L F D J S A L E A L R E R T
R D I L K Z W L E H A U D X N W D S E Q
B F O K I J Z O F G O U L A Q O P S W G
H R N P L S C W F S U W T V C U C G O X
J E U T M S V E O P E N K O B C N S S G
E E U T Q R A R J P N U M Q N Z E I A E
T S G P O F T T T J Q T R I U O V P O C
C O Z Y P P P R Y O U A O T D M M O T N
A F O E V S I A A S M F E P X F P Y H B
N T P Z H S L A P B T O K I N S H I P D
```

ACCEPT	AUTONOMY	CHOICE	COHESION
CONCORD	COSMIC	DEEP	EASE
FLOWER	FOLK	FREE	GRATITUDE
KINSHIP	LIBERTY	MATURE	ONENESS
OPEN	SOFT	SOUL	SUMMER
UNION	UNISON	UTOPIA	WARM

Solution is on page 125

58. PSYCHEDELIC ART

Wes Wilson was the first to introduce the popular psychedelic font, which made the letters look like they were moving. He was one of the best-known psychedelic art poster artists in the 1960s.

S S R I D K D H V X K E Z N S R M O L X
D L R Q L A V C U C R Q T M I A C C R F
E R A R Z L N O F T K N B H V U I X H A
C L B F A H U S P I R A L B E T U T M N
G R S X G D E S T Z N U L Y A R M M G T
A J T T K A I A I W Q A L M D Z E N L A
C A R U O Y M A O O C O G W U Y I A C S
B E A P D R L L N I N I R C I T M W L T
X C C D D A F Y T T N C I D A L I O K I
W C T Q D E I S L E X L O S E X T G S C
R U W N D T Y A L X O T L L I F A R U X
S V A U H M R V J B Z U W U O W T I R Q
A M F Y R E C R M V P E S F M R E I R S
Y Q C R M I X Y C W N T N L K I C R E H
K I A E A G S I X B D O J D U E N A A S
D P H L G C T H K H E A K K T V G O L I
N P V G O O T J W N W A Z Z M N M P U Y
E I X S X D Y A N D B J A Z V B M Q F S
L M G E W E C E L E S T I A L A H C I H
H Y P N O T I C A J A A L U W E X H L N

ABSTRACT	AZTEC	CELESTIAL	COLOR
DAZZLE	ENIGMATIC	EPHEMERAL	ETHEREAL
EXOTIC	FANTASTIC	FLOW	FRACTAL
HYPNOTIC	ILLUSION	IMITATE	LUMINOUS
MANDALA	MYSTICAL	NEON	PULSATING
RADIANT	SPIRAL	SURREAL	SYMBOLIC

Solution is on page 125

59. THE TWILIGHT ZONE

Rod Serling created "The Twilight Zone," which aired from 1959 to 1964, captivating audiences with twist endings and thought-provoking storytelling that fearlessly tackled controversial issues.

```
C Y N E S N H A F T W I L I G H T G T D
J G E X I S T E N C E D N F Y B A R O A
D D Y S T O P I A N W X S K T N S B Y V
N S V M O B G L C N O R Q T E N T U V S
Q L J P Z T E I D D W R I M R H L A O N
R F V F S L R O A T D Y O C O A J Z W H
Q T Z Y L E H R F K X N G X P G N R Y A
W M I A T O A C R E E P Y Q I E E G D U
P A R O G P L L P H X G W U E N N A E N
A A S I Z B J G P O S C U N C A N N Y T
P E K A N O M A L Y I L R V H E S O M I
M S D A B E R R A T I O N E N X E O D N
G U T S W M T S P W X T V O A M H T T G
E U E E R I E Y L K P I Z B I L N R V G
N N K U P E R S O J P E Y T K S I T K H
I R B A L C Z Z O P A Y A B Y S S T L V
G S P E C T R A L B E W R H D Z A S Y C
M T J H C J U J C O N U N D R U M F E Q
A U T B M X P O P K E D I M E N S I O N
M Y S T E R I O U S J F A B J Y M A G W
```

ABERRATION	ABYSS	ANOMALY	CONUNDRUM
CREEPY	CRYPTIC	DIMENSION	DYSTOPIAN
EERIE	ENIGMA	ESOTERIC	EXISTENCE
HAUNTING	MYSTERIOUS	PARADOX	PARALLEL
PHENOMENA	REALITY	SPECTRAL	STRANGE
TIME	TWILIGHT	UNCANNY	ZONE

Solution is on page 125

60. LICKING S&H GREEN STAMPS

60¢

Stamp collecting became so famous by the 1960s that S&H produced three times as many stamps as the U.S. Postal Service, with its reward catalog becoming the largest publication in the country.

BALANCE   BONUS   CATALOG   CONVERT
DELIVER   EXCHANGE   GIFT   INCENTIVE
ITEM   LOYALTY   MEMBER   OPTION
POINT   PREMIUM   PROCESS   REDEEM
RELEASE   REWARD   SAVINGS   SHOP
STAMP   TRADE   TRANSFER   VALUE

Solution is on page 125

61. PEOPLE'S CHAMP: MUHAMMAD ALI

Muhammad Ali is celebrated as one of the greatest boxers in history, having won the gold in the 1960 Olympics and the world heavyweight championship on three occasions.

```
C X K N O C K O U T B N F J H R D Z B Q
O V B Q D K B G W G S A R Y I O P E Y F
M Q D Q S A M Z N B Y G A M L B V K Q D
W T O B S D X F B D J M I G I Y C G F C
M W M A H V L I D V D I Z G S U L H K U
I D I F E O W G P G Z J E G T N D G D S
I U N P A C W H U I X Y R N O S W A B I
M E A E V A M T J I R B E I N M M M W D
P O N R Y T J Q X E L K P G U M N A F S
O U T S P E K J X D C M U M A U X T F X
R I D U E I L O E I A L G H I J W E I G
T L I A O L B E T H L J U L U D F U Y E
A Q F S P W E E C C E M R X O Z S R G E
N L I I L J L O G D G V E U K V D J D M
T E C V E H F O T H E E H F M J E L C J
C A L E T P O W E R N X I X X B X J K V
E D B A T T L E C S D K P K P D L I O I
L I N S T R O N G U F Z Y X W H R E D N
H N V G G R E A T E S T B V M R G F W Q
H G X Y J T W K G M Q O F S U W H U K D
```

ADVOCATE	AMATEUR	ATHLETIC	BATTLE
BOXER	CHAMPION	DOMINANT	FIGHT
FRAIZER	GLOVE	GREATEST	HEAVY
IMPORTANT	KENTUCKY	KNOCKOUT	LEADING
LEGEND	LISTON	MUHAMMAD	PEOPLE
PERSUASIVE	POWER	RUMBLE	STRONG

Solution is on page 126

62. ABC'S WIDE WORLD OF SPORTS

ABC's Wide World of Sports is a popular athletic anthology that uses personal profiles of athletes and instructional commentary to generate interest from diverse audiences in often obscure sporting events.

```
P J N Z J K B J J J W I O B C B B D B Y
L W R E S T L I N G R G O A H N A Z C Z
S L Q A U O S A W R X J V S A E S C D L
M O G I J U V U T U P Z A E L A K O J G
I F C G O L F H R H K L U B L N E V V J
K O G C G Y M O Y F L G L A E J T E A H
E A V C E T B E P V I E T L N F B R H E
X C D V D R R A E X X N T L G C A A W U
C X T I T O S V P I Y Q G E E P L G O Y
E M R M H N Y H S R D N X U D X L E R O
L A I T R F S I L S P O R T W C E E L B
L R A N I D C E E J A V E L I N H Z D K
E A T E L K V S F Z K J I J F C G W Y V
N T H D L E I W N K W V S Q R L L R L I
C H L C R N J E Q D A K Z A U B K B K C
E O O O N R W G N Z M W B T G T Z I M T
W N N E T I N I O I D O X W B K I X N O
K B T J N Y X I D E Z H A Q Y T K L R R
S E S C Q G D M W E P T J Y R K I W I Y
D Q A I L O J Z Z P L U F O O T B A L L
```

ARCHERY	ATHLETE	BASEBALL	BASKETBALL
CHALLENGE	COVERAGE	EXCELLENCE	FOOTBALL
GOLF	JAVELIN	MARATHON	REVELRY
RUGBY	SOCCER	SPORT	SURFING
TENNIS	THRILL	TRIATHLON	VAULT
VICTORY	WIDE	WORLD	WRESTLING

Solution is on page 126

63. TWIGGY AND MOD FASHION

British model Twiggy popularized the Mod Era with her androgynous looks that were quintessential for many female "Mods." It was considered one of the most iconic model's style during the decade.

W F W G J G U Q H H M S Z G F P V E U O
W D J P G Y R Q T T S W I N G I N G N N
Y C B G C V L E P E T U Z N P Y L C P I
K O O F Q I V O C O R W F N Z B F C M O
J U U X Y L K N N E G I I C O L L A R P
S T T N E D A D Q D U V O G D Z I G Y T
D U I V X G M R F Q O Y G P G A M B O E
P R Q X E M L E D B X N H S Q Y A P Y S
E E U L J Z X S Q L Q U E M O D E L W A
R J E M H B H S W M E I B Q P J Q U F L
E O B Y A R B O L D T B Y O K E T U Q A
V U J W I E E A T X H J C I W L D E J N
O U Z H R S S B I A L D K Y O U T H L H
L G A H C Z U S E W I C E Z E B F C H Q
T P Q W U T U I S L E L H F I T A F M D
U V O L T Q G B T U L F O Q L M D Z N R
A R U N W A Y G G S R I H R I Y D E J W
Z Y R V H C E O T A Y J O L E T I H W P
K I C O P U V M C A Y F S N S D S V M Q
Z A X G V Y D S L G R X E W B K H I K V

BOLD	BOUTIQUE	COLLAR	COUTURE
DRESS	ELEGANCE	FADDISH	FIT
HAIRCUT	LONDON	MODEL	REBELLION
REVOLT	RUNWAY	SCARF	SIXTIES
SLIM	SUIT	SWINGING	TAILORED
TWIGGY	VELVET	VOGUE	YOUTH

Solution is on page 126

64. THE TWISTER BOARD

Twister was originally called Pretzel by toy designer Charles Foley. In 1964, he developed a colored mat game where players became pieces. He called it "Pretzel" since he figured players would look like that.

C A P A I Q D W D A P G X B Z T W V O M
Z F S K C L E S M I O B Z R O A L S M M
W C U E E L C O H Y E R K Y T A Z L L K
R X B U D E Z E T O G Y I G B R R X A J
M H W F Z F F M T S B T A Y I B I D Z D
A M Y V O T E M O E O Y W U S N Y P B Q
F L J Z N O S Z A D Q Y Z E H R A M L C
O H W K T R G V C T R E A C H E I V H E
H E L O D G I D D D O U B L E L L C D I
O S O I Q Y R G Z Z P J X R R R T H C Y
Z F N T W P F U H K I X E J I E I H S C
H J Z Z W T U I Q T L U B W R X X G P T
L O R R S I P N N V K G T T S S K R I M
W O E G T M S Q T G I X S N Q D W P N H
K S D R N M C T D J E G Z E W O N U N X
F L W E A P F N E R M R L O L S P Q E G
S O T E B B A Z I R M G R L G E W A R X
Y G G N H H B L U E N R E S J T U R N V
B B Q G K K W Z M A A Y V C Q B V A Q Q
K H U K U I F N T L O F J Y O P K N F Z

ARROW	BLUE	BOARD	DOT
DOUBLE	FINGER	FOOT	GREEN
HAND	LEFT	LIMB	MAT
REACH	RED	RIGHT	SPINNER
STRETCH	TANGLE	TOE	TRIPLE
TURN	TWIRL	TWISTER	YELLOW

Solution is on page 126

65. MILK DELIVERY TRUCKS

According to USDA agricultural surveys, about 30% of milk was delivered to American homes in the 1960s. It was the most common way consumers got their milk back then since most homes were without refrigeration.

```
U U K J S U P P L Y Q U S A Q H B M I M
C K B B G T S F Z Q E M C R A Q P C E I
H L R C T G O L A Y U N R L Y I O N P L
A P W F A P S L E R A Z A H S E E N E K
V K I N D Y V T C R M J T L T I Z S W S
H H K D B A E Q E E A Z E U G R V E E H
L S D A U D I V N G F C O Y N W U T O A
Y A O I R L I L L E R H U E L E G P K
L V O R E R A U Y A E T W T Y E H D A E
A U R Y D L X P J S I R U J L D H D S O
O C S D C H Q Y N S E B P F Y R I A T K
G U T E B W R E T D I D C A R T O N E E
L S E W Z E P L R R M I W B C T H C U M
C T P Y V S Q O T O O N X O C K C Q R N
R O K I I P F S H F P G Y T B W A O I U
K M L D X F I R W W D R A T W M I G Z W
O E N U E D R S E D P I C L A X B F E O
D R C D N R R W L S C X C E R S I L M Z
U T R U C K C B U G H N R J W Q A S X P
X X L L T W V R X N N C O D S G S K Y X
```

BOTTLE	CARTON	CRATE	CREAM
CUSTOMER	DAILY	DAIRY	DELIVERY
DISPENSE	DISTRIBUTE	DOORSTEP	DRIVER
FARM	FLEET	FRESH	GLASS
HYGIENE	MILKSHAKE	ORDER	PACKAGE
PASTEURIZE	ROUTE	SUPPLY	TRUCK

Solution is on page 126

66. THE ADDAMS FAMILY

A cartoon from The New Yorker served as the inspiration for the Addams Family TV show. Charles Addams' caricature, published between 1938 and 1964, became a parody of the 20th century's ideal family.

```
U S H O Q W Y Z Q R U Q C B A U F Z J D
K B P R D K M F U O T H I N G R X O L E
G D N S O I W E D N E S D A Y A B D V U
R P Q O Q Y G C V H A J H O Y Y E D U D
H Q P V L U R C H S T V M K A C B B J M
M S H A L L O W E E N O C I I W H A P D
O Q S B R W I I Z R W A U D P R O L P J
R I T J X P L B E B H E Z R N Y N L D C
T U M A E A M T N W K L I Y A C B Y I E
I O E A U R S A R S N T J R H S E H N T
C W K S N E T Y D G O M E Z D L T O V G
I D U P F S T F J D K K B K S O T K B B
A N E F D I I I C A I C G G S J Y Q K
U D Y R D J V O P S J M U O B K Y U V N
H P F D P C W G N M M P S M M K E R G C
K L O M A C A B R E Y P O Y O E P V Q K
J P Y V L T G I V V L T N O H D A R K O
M H V X G R I S L Y D H K S R V T Y P H
C E M E T E R Y Z W B G H A S T L Y A B
L O T K L Q Q Q G C S O Y Q Z J X Z B B
```

ADDAMS	CEMETERY	DARK	FESTER
GHASTLY	GOMEZ	GOTHIC	GRISLY
HALLOWEEN	KOOKY	LURCH	MACABRE
MANSION	MORTICIA	ODDBALL	ODDITY
PUGSLEY	SPOOKY	THING	TOMBSTONE
UNUSUAL	WEDNESDAY	WEIRDO	WHACKY

Solution is on page 126

67. HULA HULA HOOPS!

The Hula Hoop is a classic toy that became a worldwide craze in the 1960s. It became a cultural phenomenon, symbolizing fun and freedom, with children and adults joining the hoop-wielding craze.

```
N J R X E N D U R A N C E P U M N D D P
R T Q O C P H Y S I C A L S Q X G H E N
T J G W O J C T N S I K L X J Z I I O K
H A Y E O E L U U P W L F C E H V I T G
E M M L R W H X G I H Q I S S N T K P U
A B N L D A F D C N R E T T R A R M U G
L O A N I I X L N N S P N F L Q A F M T
T R S E N S B N P I Z Z E O S C A R Y L
H E T S A T Y A C N T F S W K N K P W E
A E I S T W S R O G O I S P I Q P K E C
T O C Y E K E Q V A K Y O B L X G L V F
H W S O C X M W Y Z A V G Z L N Z F B A
X J I I E R O T A T E N D P I A I K P L
I L R R Q A M L C A O B I L U E E Q B W
W T E U L S M T O I E H G H P R D T C X
I O A I D I V G T E W G M B D O B G I Z
P B H Q S M N O Z X U C J S C B W T R W
D G S K V U M G A J Y L I P Y I F H C I
W W D R E C R E A T I O N R L C R K U H
Y N H W C G X E T F D E W M H W R V S W
```

AEROBIC	CAMP	CIRCUS	COORDINATE
ENDURANCE	EXERCISE	FITNESS	GYMNASTICS
HEALTH	HIP	ISOLATION	JAMBOREE
JUGGLING	LEISURE	MOTION	PHYSICAL
RECREATION	ROTATE	SKILL	SPINNING
TRICK	TWIRLING	WAIST	WELLNESS

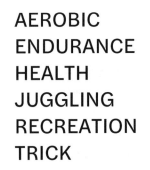

Solution is on page 127

68. JAMES BOND 007

The name "James Bond" was taken from the author of a birdwatching book by ornithologist Dr. James Bond. It was a book Ian Fleming had in handy when searching for a name "as mundane as possible."

R I I G N G D A P B N I N T R I G U E S
C O V E R T I N F I L T R A T E L F K L
S O P E R A T I V E T G M Z H L J B B U
A B L O G A A I M E D J H J A G E G J V
B R H G N J F Q G J T M O F E H T Q F I
O L X K J F I D J A N E Y D A P P P J G
T K N U O G A E T J L K O C C U A X Y G
A F S K D G E W D O S C T H T B C O I A
G I Z N P T P E M Y D E F I I S K Z G D
E R O Y A L E H P V R F F J O V E I U E
J S E U R E D S U C C Q C O N V V R R C
C N E U C N L S E A T A M J A M E S T E
H X C Q F H A S P G T L S H L V V E N P
K E Z X E B A N B E H C T I O X C T S T
B S B H K L B S R N Y L I C N R A P K I
G Z Z W U Q K T E T A J R P I O Y R H O
R S P E C T E R H E C E O D H R W D H N
X P X G L U C J T C D N F G O E Q A Q Y
K W T D Q V V S A N U W L W H X R E Y S
J A R B T I H O U G T L F F C I P V X F

ACTION	AGENT	CASINO	CHASE
CIPHER	CODE	COVERT	DECEPTION
GADGET	GUN	INFILTRATE	INTRIGUE
JAMES	JETPACK	MOLE	OPERATIVE
ROYALE	SABOTAGE	SECRET	SKY FALL
SPECTER	SPY	STEALTH	UNDERCOVER

Solution is on page 127

69. FORD MUSTANG: THE RISE OF PONY CARS

The Ford Mustang moniker was taken after a World War II fighter jet. One of the co-designers, John Najjar, took inspiration from the P-51 Mustang fighter plane, regarded as the greatest of its time.

```
H X T F U X V W Z O O X E T F P T P H T
H G Y O A A V H X M O D I S H F W Q N Z
R A S P R J D E W V M Q V O E B H H S Z
A B G U N Q R E V V I N G O D P I H B K
P S M H P R U L C C K Y J O A X C D D M
I U W N S E B E X T N R C N Z Z R B C U
D S Q N O H R A R O J V O N J O G R O S
F P D E R M S C P X G E L F F M Q C N C
H E U A W M I A A O G T L K S V L I V L
D N Z P P F O G U R H Z E D S W I Q E E
H S Z F G O A T V T Q N C J H R M F R L
A I E U P R Q L O T O X T S S A I H T S
N O S S D Y A B K R G X O D C C T K I K
D N C D Q D J D Z R Q P R M M I E W B E
L E C O U P E O E J J N X C T N D N L D
I E F C R O A D S T E R C F D G M P E T
N F T S P E E D H Q I Y I E E W K G S I
G U E N O M M K H N U W A V Q B O F F H
B A C X H D H J H U S S E J W A C E V M
A T F T T B M Z W H O R S E P O W E R E
```

AUTO	COLLECTOR	CONVERTIBLE	COUPE
DRAG	FORD	HANDLING	HORSEPOWER
LIMITED	MODISH	MOTOR	MUSCLE
PONY	RACING	RAPID	REVVING
ROADSTER	SPEED	SUPERCAR	SUSPENSION
SWIFT	TORQUE	UPGRADE	WHEEL

Solution is on page 127

70. HIPPIES: PEACE AND LOVE

Hippies gained notoriety for being "hip" or socially conscious. The Beatnik movement, which consisted of nonconformists residing in San Francisco's Haight-Ashbury, gave rise to the Hippie movement.

```
A Y N N L B C O M P O S E D P E O J O G
V S W E S E W B V O S U B S I D E J K C
I E J L O M E Q P F U R E Q F B V Y F O
E N S I O Y Z D T T K X K G A Z E G S N
S T L P T V N T K O C O N S C I O U S N
Y I J M H S H T R X U B A Q P L N J V E
M E R C E Z S F R A V M C O M I T Y Y C
B N L E X O S E R E N E I H I V A T Y T
I T B C L G A J Q X A Q P N C H I Y E I
O W A Q H A S G V X M T U U D N K L C O
S S P S P I X L D Q Y X Y I I F T S K N
I A P U A V M E X E F N G F L T U H T A
S N E N E P O E D O S N F C E K O L H R
X W A T K I F J P E Y A S S P J Y G O X
A H S D M F R I E N D T T W P A C I F Y
M C E E E X T I T W E R I V C Q K W U F
T Z M C A L M Z Q I Y I L O P Q W C L X
N C C P E T I B U N J C L S Z V X D L R
X B I T C N R Q O N C O N S E N S U S J
L J A D U F C M E C O G N I Z A N T W C
```

AFFINITY	APPEASE	CALM	CHIME
COGNIZANT	COMITY	COMPOSED	CONNECTION
CONSCIOUS	CONSENSUS	FRIEND	MINDFUL
PACIFY	QUIET	RELAXED	SENTIENT
SERENE	SETTLE	SOOTHE	STILL
SUBSIDE	SYMBIOSIS	TRANQUIL	TREATY

Solution is on page 127

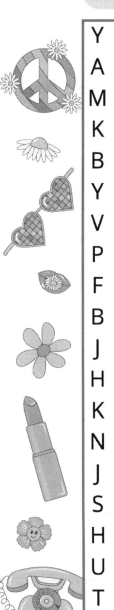

71. CASSETTE TAPES REWIND

The Philips company first developed the cassette tape in 1962 in Belgium. The cassette tape was one of the first technologies that allowed us to share music and recordings on a much broader scale.

```
Y E W L A B E L N B C T N N Y X S J M V
A I K B W Q F S B D R E W I N D F U H A
M P L B L A N K F O R W A R D U B F E D
K Y O C O V Y Y E Q C H O R U S V Q V L
B V C B A W C S C Z Z R E C O R D E R N
Y D N O D K R A V L M A G N E T I C O U
V W A Z S E P W S H S X N V Z E X D I Q
P O D G V V D C D I T T Q D P S I D E M
F N H E A G G P V U N Q R I J H L E M Z
B N R H Y Y R V W Y X G L I K F Q A Z K
J M V U B C O V E R C F Q M P J L G N A
H L F R C B X R E E L R W L E O R A B M
K R B S I I T G V V T B D D K X N Z M R
N Q S P O O L T M D H Y A P A U S E I H
J Y B I S R B U L W H Y K E N K R P X U
S L B O C A S E U Z I G L Q X C O U T M
H B G E G V M D F I W G X Z F T R U A R
U P E Z F O R M A T N S W N S G M E P S
T R A N S P O S E I T F Z A T S C Y E M
A U B X E J I W S V G L B F R E M K W Z
```

BLANK	CASE	CASING	CHORUS
COVER	FLIP	FORMAT	FORWARD
LABEL	LOAD	MAGNETIC	MIXTAPE
PAUSE	POD	RECORDER	REEL
REVERSE	REWIND	SIDE	SINGLE
SPOOL	STOP	STRIP	TRANSPOSE

Solution is on page 127

72. CONVERSE CHUCK TAYLOR ALL-STARS

One of the most popular athletic shoes in the 1960s, the Chuck All-Star, was named after a Converse salesman and basketballer, Chuck Taylor, who helped redesign the "Converse All-Star" sneaker style.

```
W W R Y Q P Q B P R L X N L S E U O F S
Y B W S K Z E P M N M S G R U B B E R U
K S U R B A N V O R V Z W E V D H Y S H
F O R C G C T C O U U U G R U N G E T X
D L T P O C I E N Y K G H B I R V N R F
E E D V R N H C A I S U G J A P K Q E Z
N Z T X A V V R W G T E N E T X A T E R
X D C Q V R X E M N O R W I D A U M T K
S A L A O V I Q R X Q T M P S C G Y W D
N V F A S K C A K S O U K Y V E Q A E L
E O O W C U E C T O E C P U N K X V A O
A S U F S E A O F I F E Z A M A E X R H
K I L O G O Q L Q N O N Q R T O W I O P
E G W Y Z X R B T T T N T I B C E Y L U
R N G H O Y R F O C A N V A S Y H S J S
R A P D N Y N D P P C H B C D C B P F U
S T S E A S O N A L V G O N J L J O M M
D U R Z L W Y L U V H S X O S W H R Y M
C R S H O E L Q A F A P P E A L T T W X
V E N D S V T H U I Y Y B X M A C Y D F
```

APPEAL	CANVAS	CASUAL	CONVERSE
FOOTWEAR	GRUNGE	ICON	LACE
LOGO	PATCH	PUNK	RUBBER
RUGGED	SEASONAL	SHOE	SIGNATURE
SNEAKER	SOLE	SPORTY	STREETWEAR
TOP	UNISEX	URBAN	VARIATION

Solution is on page 127

73. THE FLINTSTONES

Fred's iconic "yabba dabba doo" catchphrase was improvised by voice actor Alan Reed. Reed's mother used to say, "A little dab'll do ya," which inspired him to improvise instead of just saying, "Yahoo."

```
V T H Q U T C O W M R R K P A G N T S B
X H L W Q U A R R Y A F U N Z J E M E H
J Z U Y I B E J U A O N T B B U M N V P
D E V M D L A F K S N W I A B S J X L T
I Y D O O V M R J T B C M M Q L L W S E
D F P T Y R P A N M E K F B A P E A G R
P R A F V Y O W W E P N J A U T X V B O
Z R Y R S E I U E X Y E G F N V I B F D
D S E G C T P B S F N E B A O Q F O O A
J F N H N I I T Z X G U M B C S R W N C
J K A F I R C H B D G E U M L M S K X T
V R R N T S Y A O H V F O C A E I I T Y
O B J D C R T L L A C G R A M M S V L L
L O L I V I U O C G H O J E N P M C H B
C G Q N N H E F R T C Q M P D E P O P O
A F G O W S A N X I Q H E I Q T G C T J
N E Y G Y J W J T K C W O Y C Y B S C H
O N E A N D E R T H A L D J T A V W G X
V P R R P Z I Q W G V H M A W T L G M V
B E D R O C K E N F E Q F S C I T D O A
```

ANCIENT   ANIMATION   BARNEY   BEDROCK
CAVE   CAVEMAN   COMICAL   DINO
FARCICAL   FOSSIL   FRED   HUMOROUS
LODGE   MAMMOTH   NEANDERTHAL   PEBBLES
PREHISTORIC   PTERODACTYL   QUARRY   RUBBLE
SLAB   TRIBE   VOLCANO   WILMA

Solution is on page 128

74. GILLIGAN'S ISLAND

Gilligan's Island is an American sitcom that follows the quirky tale of castaways trying to escape from their shipwrecked Island 250 miles south of Hawaii. It was one of the most beloved sitcoms of the 1960s.

```
D B F I S H I N G G J V H I J O R X W X
V S H I P W R E C K M A G A N N Q Z B P
W Y C A X C E S D H K N M Q R Y K J M A
L I N S R S H S U R V I V E E W H L I O
V V Q R T P T Z A Q K Y F A S C A L C G
Y V E S T O S H B O R E K I C P F O O I
K Y X O N J R I U G P S F X U N E S C L
E R D K Y K P M A R I B I N E H M K O L
E T L I Z W A B K C S N X I V T D I N I
C B Z S C A P T A I N T G O I X I P U G
J J C L K L E L F N U K O E B Q O P T A
M U C A S T A W A Y A R W N R T I E S N
E N N S R C B D D B A M B O O D R B G
A G H D O J U G I D K A Q L O V E Y N T
B L M Z L M I D Z X P A R A D I S E W N
V E X W A F N N M Q W V K I U U Y X C L
J L F H G R H S P Z K Y J M L O S T X J
S B E V O S M I S S I N G O M H R Y U B
U S W D O A T T R O P I C A L U B T G H
O Z S S N S E C F S D E P N M T K L H H
```

ANN	BAMBOO	CAPTAIN	CASTAWAY
COCONUT	FISHING	GILLIGAN	GINGER
HUT	ISLAND	JUNGLE	LAGOON
LOST	LOVEY	MISSING	PALM
PARADISE	RESCUE	SHIPWRECK	SKIPPER
STORM	SURVIVE	THURSTON	TROPICAL

Solution is on page 128

75. HOT WHEELS CARS

Hot Wheels was first introduced to the toy industry during the 1968 New York Toy Fair, and since then, over 6 billion Hot Wheels have been produced, or an average of 519 million per year over the past 50 years.

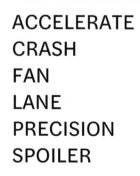

```
L Q S H D X L O I N S I L K S D Z I P U
N S R T X N K C B E O P S G P O G M O S
Q S K O U N C F U T Y E O R L J U M P P
R A G S A N H O A O X E T I L O V J J E
Y C S C Y K T K E N C S Q U L M W C P C
D C C M T R A C K A R R P A R E Y L H I
C E F U N K R Z N B A G A Z U B R V A F
L L C S L I C K K E M T R S J O O K G I
V E J A X L E J R N P M N Q H M X Y N C
D R W N E F S Y N T F X I S E L E A J O
E A R X P S H L K H L D T M A A X X C N
T T M R N R F D D U A N R A L N I E A N
D E O C D Y E L T S M H O H M E X U R Z
D F K I E M I C P I E J X C N F A M G S
Q B R T C H Q O I A Q M Y O Y A D V E J
X E A U A S O G H S F Y N X M P M R E Q
C K H G L L X X R T I X F T I N I U K C
I B R O P P D X N V F O K D N U R E Z H
L D R I F T A C G M F K N N I S E Z H Q
O R E Z A A G I M V A G A Z Y I R T R X
```

ACCELERATE	ADMIRER	AXLE	CAR GEEK
CRASH	DECAL	DRIFT	ENTHUSIAST
FAN	FLAME	GLOW	JUMP
LANE	LOOP	MINI	NITRO
PRECISION	RAMP	SLICK	SPECIFIC
SPOILER	STUNT	TRACK	TURBO

Solution is on page 128

76. SATURDAY EVENING POST MAGAZINES

The Saturday Evening Post, one of the oldest magazines in the United States, was among the most widely circulated and influential magazines among the American middle class from the 1920s to the 1960s.

```
S C C I R C U L A T E A N G Y D O R O Q
L A G B Q O D S E F X A X V P L T P K Q
O P J T C U G R E J L L W Q G R S M T D
R T L K O R U Z B M C R E V I E W G S W
U I R O A T F Z K V S U B S C R I B E O
R O I D A P D G L O S S Y B W M C Y O Q
I N Q E H F O M O V Y P Y D Y A J L H C
Q G F M I Z S S M W M S S I R G O I E O
Q W J S V P H O T O G R A P H A U N A N
D U R E M S Q V Q L Z D Q E O Z R E D T
A X L V S V L A A R T I C L E I N E L E
I Q D E W D E A D L I N E X W N A W I N
J L R Q I E V R E D I T O R C E L E N T
S P M Y S V K Z O X C O L U M N B C E Z
P V Y H B E K S T L N H P A S V C R Y Z
R X P S R N M W S Y I D G J K S I E N P
E N N H X I M N Z R Q I M I K E C D U C
A P W Z I N P Y I N T E R V I E W I Y P
D Y O F X G Q P E R I O D I C A L T E Z
R D Z Y R V P U B L I C A T I O N C N S
```

ARTICLE	BYLINE	CAPTION	CIRCULATE
COLUMN	CONTENT	CREDIT	DEADLINE
EDITOR	EVENING	FEATURE	GLOSSY
HEADLINE	INTERVIEW	JOURNAL	MAGAZINE
PERIODICAL	PHOTOGRAPH	POST	PRESS
PUBLICATION	REVIEW	SPREAD	SUBSCRIBE

Solution is on page 128

77. THING MAKER: CREEPY CRAWLERS

60¢

Creepy Crawlers was first introduced by Mattel in 1964. Over the years, many new sets of molds were added so kids could make flowers, action figures, scars for their faces, and even dolls and fashion accessories.

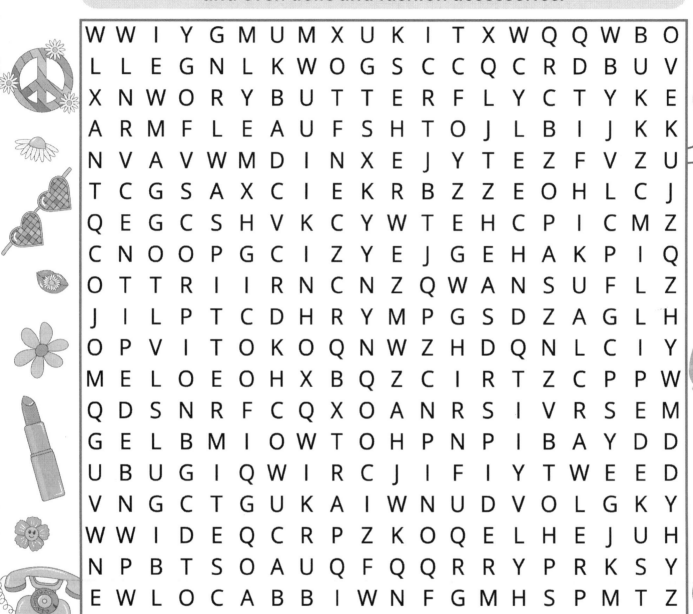

```
W W I Y G M U M X U K I T X W Q Q W B O
L L E G N L K W O G S C C Q C R D B U V
X N W O R Y B U T T E R F L Y C T Y K E
A R M F L E A U F S H T O J L B I J K K
N V A V W M D I N X E J Y T E Z F V Z U
T C G S A X C I E K R B Z Z E O H L C J
Q E G C S H V K C Y W T E H C P I C M Z
C N O O P G C I Z Y E J G E H A K P I Q
O T T R I I R N C N Z Q W A N S U F L Z
J I L P T C D H R Y M P G S D Z A G L H
O P V I T O K O Q N W Z H D Q N L C I Y
M E L O E O H X B Q Z C I R T Z C P P W
Q D S N R F C Q X O A N R S I V R S E M
G E L B M I O W T O H P N P I B A Y D D
U B U G I Q W I R C J I F I Y T W E E D
V N G C T G U K A I W N U D V O L G K Y
W W I D E Q C R P Z K O Q E L H E J U H
N P B T S O A U Q F Q Q R R Y P R K S Y
E W L O C A B B I W N F G M H S P M T Z
V D M P V X T C J T G A W D T D M F O M
```

ANT	ARACHNID	BEE	BUTTERFLY
CENTIPEDE	COCKROACH	CRAWLER	CRICKET
FLEA	HORNET	INSECT	LEECH
MAGGOT	MILLIPEDE	MOSQUITO	MOTH
SCORPION	SLUG	SNAIL	SPIDER
TERMITE	TICK	WASP	WORM

Solution is on page 128

78. THE GAME OF LIFE

In honor of the Game of Life's enduring influence on American lives, the Smithsonian Institution made it part of its permanent collection in their National Museum of American History.

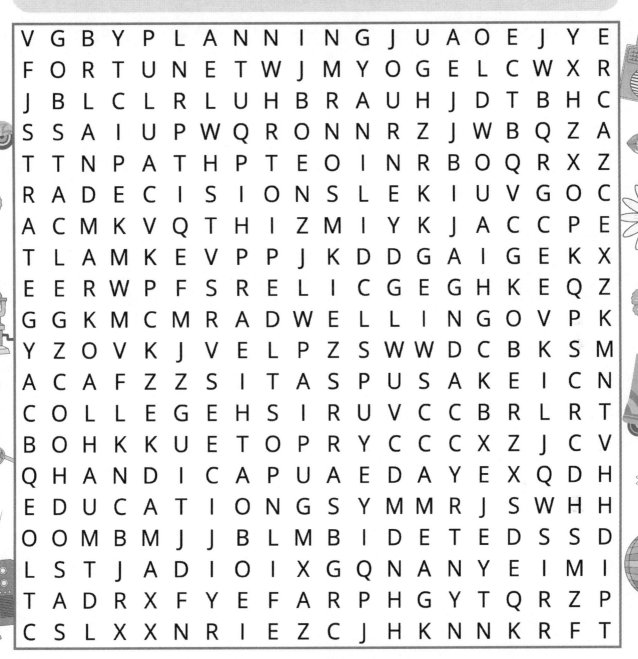

```
V G B Y P L A N N I N G J U A O E J Y E
F O R T U N E T W J M Y O G E L C W X R
J B L C L R L U H B R A U H J D T B H C
S S A I U P W Q R O N N R Z J W B Q Z A
T T N P A T H P T E O I N R B O Q R X Z
R A D E C I S I O N S L E K I U V G O C
A C M K V Q T H I Z M I Y K J A C C P E
T L A M K E V P P J K D D G A I G E K X
E E R W P F S R E L I C G E G H K E Q Z
G G K M C M R A D W E L L I N G O V P K
Y Z O V K J V E L P Z S W W D C B K S M
A C A F Z Z S I T A S P U S A K E I C N
C O L L E G E H S I R U V C C B R L R T
B O H K K U E T O P R Y C C C X Z J C V
Q H A N D I C A P U A E D A Y E X Q D H
E D U C A T I O N G S Y M M R J S W H H
O O M B M J J B L M B I D E T E D S S D
L S T J A D I O I X G Q N A N Y E I M I
T A D R X F Y E F A R P H G Y T Q R Z P
C S L X X N R I E Z C J H K N N K R F T
```

CAREER	COLLEGE	COMPETITOR	DECISION
DWELLING	EDUCATION	FORTUNE	HANDICAP
HOUSING	JOURNEY	LANDMARK	LIFE
MARRIAGE	OBSTACLE	PATH	PAYDAY
PLANNING	RELIC	RESIDENCE	RETIREMENT
RISK	SALARY	STRATEGY	SUCCESS

Solution is on page 128

79. SATELLITE TV ANTENNAS

The "satellite dish" became one of the most recognizable antenna types in the 1960s. Besides satellite television, they served as high-gain antennas for point-to-point communications.

```
N T R G N L N L W M O D U L A T I O N U
Z R R E J Y Q F B B I A Q H I N K E J T
Q A M O C P A R A B O L I C A R R I E R
Q N M O S E G P L B I Q A Z I M U T H K
D S I J R Y P F O D H U T V V K A Q C U
D M S R Q B N T E L A S N N V K J W Y V
R I U N F G I C I Z A T M I Z X N R I P
H T S I Y G L T H O W R A H V E B Z A S
I T T H B T V T A R N J I T N E S J G V
W E N D R O I G G L O X X Z S O R D X D
A R E J Y E S D Q U L N R S E D Y S X I
V K W Y B W A W F J Z O O O E X D O A Z
N G S O P E R A T E N R G U O R P K W L
A O C D M Z U U P L I N K W S F V M P K
D F A C A L I G N M E N T R Z R T I E B
S Y S K C N C A B L E C A S T B J O C R
U H T J K A R D W A V E L E N G T H P E
H Z Q J A Z I N T E R A C T I V E A B J
S Q N L O Q P Q B E A M W I D T H U Z N
Y V D O W N L I N K B E D O H A U K Q R
```

ADS	ALIGNMENT	AZIMUTH	BEAMWIDTH
CABLECAST	CARRIER	DATA	DISH
DOWNLINK	INTERACTIVE	MODULATION	NEWSCAST
OPERATE	ORBITAL	PARABOLIC	POLARIZE
RECEPTION	ROOFTOP	SERVICE	SYNCHRONOUS
TRANSMITTER	UNIVERSAL	UPLINK	WAVELENGTH

Solution is on page 129

80. TIME-LIFE MUSIC COLLECTION

In 1966, Time-Life Music began offering music collections in Jazz, Swing, Classical, and Orchestral genres. Their first successful series was the "Great Music Series," which focused on classical music.

```
G K A G P C V C O M P I L A T I O N G N
M Y Q X L E H A R M O N I Z E Q D K V S
L E E Q O H R E V E R I E V D H W E V O
P T L T X W F E E B A G M M R B U N L U
V S P A I P L M N B D B A L L A D P X N
E J Y C N B U I U N D E R G R O U N D D
Z I T N A C M U U E I M E D L E Y R Q T
R Y J L C D H O U D Y A Z J L E T P Y R
S H R U F H E O T W N T L S L C S E R A
T S Y M S V R N L O O T K C Z B P A E C
Y Z H T A I Z O T Y W U R O M Y L B M K
T U O P H O N D N A I N C R E A G D I C
N Y S H H M J D K I D E Q E T T I Q N Z
S O N G W R I T E R Z G B S R J H D I Y
S D L I G X W C P N A E L W I L P R S L
R X E A G E L E S S V V I R C B M V C R
Z S E N T I M E N T A L S V A D K T E E
Z T H G W C D E L P N R S B L K S A F N
C H S E R E N I T Y T C S R X L O K P T
G S Y P V S L R A N S Y N T H E S I Z E
```

AGELESS	ATTUNE	AVANT	BALLAD
BLISS	CADENT	COMPILATION	HARMONIZE
MEDLEY	MELANCHOLY	METRICAL	MOTOWN
PERENNIAL	REMINISCE	REVERIE	RHYTHMIC
SCORES	SENTIMENTAL	SERENITY	SONGWRITER
SOUNDTRACK	SYNCHRONIZE	SYNTHESIZE	UNDERGROUND

Solution is on page 129

60s

Judi Sheppard Missett founded Jazzercise in 1969. Originally known as "Jazz Dance for Fun and Fitness," Jazzercise became a place for women to wear comfortable clothes, meet new friends, and be physically fit.

```
Y T L X B P Y R G E B W P W E F B D I P
T V I T A L I T Y L B U Q S I L E A O S
A C T I V E O K Z E O A I Y K P Y K X T
S F I F U D S X M R P C B U A W K I L A
S H V K Q I R C G F R I C H N C N D T B
T C S H I G X Z J E S R S V E M E K W I
A G R I N D X D Z U V S O S E O W N I L
M K H U A M Z Z O T C V I A M R C Y N I
I I Y Y A M A R U I S O N Y R G D P S T
N M S W K J O R B C P E G I I H A U T Y
A C O R E G T O A A Q R Y O N B S T R S
Z D S N I S R R G R P B U J T D N B U E
Q Y G V D E K S I D H K A T E S E D C S
H F E A A B A T L I W H G F N N O P T Y
F T S K M R T R I O J C L A S S E S O Y
Q C S S Y C A E T C C Y L F I B N P R A
V B V T X H K N Y R L G S I T W O C A P
G R N L E L B G A G A R P O Y Z O D Y O
B V N P I P K T H U Z L G U F K J O Y X
T K L M J S D H H I P Q R A E K H M S K
```

ACTIVE	AEROBICS	AGILITY	BODY
CARDIO	CLASSES	CORE	GRIND
GROUP	GYM	INSTRUCTOR	INTENSITY
JAZZERCISE	POISE	RUT	SHAPE
STABILITY	STAMINA	STEP	STRENGTH
STRUT	VERDURE	VIGOROUS	VITALITY

Solution is on page 129

82. ANDY WARHOL'S POP ART

One of Warhol's most famous paintings is the "Campbell Soup Cans." This work appears to depict repetitions of the same can; however, Warhol depicted all 32 flavors of Campbell Soup available in 1962.

```
U D E O H Y F N J J L Q U T K O E Y J X
H F I U M D J Z E W U Y S E L E G A N T
E G B E T Q D I E W T E C R N A E G Z E
P M E M F Y R G U S A T V W P V T A T U
G G C K T F A V E G I G X L I W M L W N
R T U Q X L W V R A P J E S G W A L D O
A R R M L Y A H R G C H S L V Z E E F R
F R H O U R C T S U J E I H O C W R B T
F B C R T S R C P E R S O N A O S Y I H
I R V K T O E I W G U M K I G N Y Z T O
T E O I P O Y U O U S T X N A C L B C D
I P K A E Y L R M I I T I S Z E S I R O
H L A N D Y P O N B T D G J S P E O I X
K I S Q W U N R I W N U A G L T L G T F
E C C G X W E H N A P Q Q O J U F X I N
D A Y X U D X I R Y K S L G Q A H E Q J
J S Y V O E D B W A R H O L L L O O U N
G C D M H N O U V E L L E U R N O S E M
M I P R Z I D E A L I S T D Q C D P X W
Q A F P R O V O C A T I V E A X V U A F
```

ANDY	BRANDING	COLLAGE	CONCEPTUAL
CRITIQUE	ELEGANT	EXHIBIT	GALLERY
GRAFFITI	IDEALIST	KITSCH	MODERNISM
MUSEUM	NEW AGE	NOUVELLE	PERSONA
PORTRAIT	PROGRESSIVE	PROVOCATIVE	REPLICA
SELFHOOD	TRAVESTY	UNORTHODOX	WARHOL

Solution is on page 129

83. BARBIE DREAMHOUSE

60s

The Barbie Dreamhouse embodied a vision of a woman's bachelorette pad, free from societal expectations. Back in 1962, women could not have bank accounts, preventing them from purchasing homes.

```
P I B Y M Q I S P A C I O U S R H Z J E
R C Y E L O C J O T X X O Z P R O B I X
I G N M D Z B R L S P I N K M Y Z Q D H
N W I K A R C C D D F E L I C I T Y L I
C X E I A G O Y B A L C O N Y M P F A A
E I L N M K I O C P N R D B H Z O F N A
S P O G L G H C M L G C A S T L E A Q X
S R I D Z M D I A Y O C Y E X P X I N Z
E W W O N U A D Y L Y S S L N L O R M V
G A I M T K Y C C K E U E O J A K Y B E
Y L V W S H L A G B O R I T A Y S T A N
P L S O F A Q P O H O T V K K S U A R C
U P V A P I N R L W A I S C H E E L B H
B A L Q C E D L C T Q U I O J T Q E I A
N P R A H R O T I L F A R A J S A G E N
N E O C A D L M M Q N Y D R E A M Y G T
P R T W W G I N P J I V F P H F X X A E
Z I W E Q N V A N I T Y D T G V Y R X D
K G E H S H A R I N G S A S Y R Z W D U
R D B H S M M G W I V B E K T R X I V O
```

BALCONY	BARBIE	BATH	BEDROOM
CASTLE	CLOSET	DOLLHOUSE	DREAMY
ENCHANTED	FAIRYTALE	FELICITY	IMITATION
KINGDOM	KITCHEN	MAGICAL	PINK
PLAYSET	PRINCESS	SHARING	SOFA
SPACIOUS	VANITY	WALLPAPER	WARDROBE

Solution is on page 129

84. NEIL ARMSTRONG

Neil Armstrong could fly planes before getting his driver's license. By age 15, Armstrong had enough flying experience to pilot a cockpit confidently. He earned his student flight certificate on his 16th birthday.

```
T B G T E H V V Y Z R E S I L I E N T H
V J R R H S Z L Q I N N Q E E X H W O P
B O D R Q C T V N A J L U J E I X W T Z
M C P W J O E E I B I E N R D K N Y R L
V E T E R A N S E W X A J G J R W S A U
O F E Z O A Y P H M B H O N O R E D I M
I O N B M L V I C I E B D E B U M D L I
H O O Y E E H I Y Y N D B E V A R R B N
T T N O G P X E A S I T Z R C C J T L A
H P Z A R C R E H T P J E H A K L L A R
I R A D I O D E M B O A X G K V N B Z Y
N I M V T M Z E M P D R C F R X E D E E
F N B E E M T T X I L Y U E D I V R R V
L T I N N I G R D P E A H I F S T X Y H
U T T T A T O G A U L R R F E A T Y H B
E B I U C T R S G J I O G Y T E R H P K
N A O R I E I F J H H K R E W O L E C P
C M U E T D B Z Q Q M E F E N M W J R N
E P S R Y B G L E B M D R F R W H I Q A
Y Z K H F D E D I C A T I O N K I Y W F
```

ADVENTURER	AMBITIOUS	AVIATOR	BRAVERY
COMMITTED	DEDICATION	ELYSIAN	ESTEEMED
EXEMPLARY	EXPLORER	FEAT	FOOTPRINT
GRIT	HERO	HONORED	INFLUENCE
INTEGRITY	LUMINARY	PREMIER	RESILIENT
SPACEFARER	TENACITY	TRAILBLAZER	VETERAN

Solution is on page 129

Steve McQueen was a licensed pilot. After flying his first solo flight in a yellow Stearman biplane, the FAA issued him a license on May 1, 1979.

E	W	O	D	G	R	R	B	R	B	N	I	Q	V	T	W	A	H	V	F
K	T	H	N	C	V	Q	B	A	Y	W	I	P	P	S	R	A	C	O	T
C	M	U	O	V	O	O	K	Q	K	J	G	P	R	O	N	H	H	J	P
O	S	N	R	M	S	B	M	F	K	A	B	P	V	E	T	B	N	R	T
M	H	K	O	A	A	R	V	Z	Q	F	I	V	U	M	S	E	R	D	X
P	N	A	Z	S	A	S	N	C	D	A	R	I	N	G	B	E	N	P	T
E	B	O	A	H	W	T	T	M	K	D	J	G	Q	U	N	E	N	T	T
L	M	G	C	V	C	U	L	E	M	A	N	S	Y	Q	N	N	S	C	S
L	A	R	V	Q	J	N	U	U	R	K	D	V	T	I	T	T	A	E
I	V	E	D	F	G	T	K	D	U	F	D	U	F	L	J	R	Q	U	F
N	E	A	A	M	I	S	N	Q	G	I	U	L	K	N	M	A	P	T	A
G	R	T	C	D	B	P	Z	Q	E	F	E	L	N	U	D	N	A	H	P
X	I	N	M	O	R	U	A	A	D	A	M	B	Y	E	S	C	P	E	P
X	C	E	H	I	O	E	L	S	T	F	N	C	F	Y	S	I	I	N	E
N	K	S	P	B	S	L	N	L	S	E	O	T	Q	D	I	N	L	T	A
G	P	S	L	A	W	D	N	A	I	I	A	Y	I	U	U	G	L	I	L
L	A	T	O	U	G	H	U	E	L	T	O	J	C	H	E	L	O	C	I
H	J	X	B	B	Q	L	I	C	S	I	T	N	R	Y	E	E	N	X	N
X	Z	O	U	C	O	L	K	N	K	S	N	H	N	S	C	R	N	M	G
N	D	U	E	N	D	E	F	W	Y	Y	A	E	H	D	O	M	O	G	J

ADRENALINE	ANTIHERO	APPEALING	AUTHENTIC
BULLITT	CHARM	COMPELLING	COOLNESS
DARING	DUENDE	ELFIN	ENTRANCING
GREATNESS	HUNK	LE MANS	MASTERFUL
MAVERICK	MCQUEEN	PAPILLON	PASSION
POTENT	PRESENCE	STUNTS	TOUGH

Solution is on page 130

86. THE JETSONS SITCOM

Though the creators of "The Jetsons" never specified the exact year the show was set in the future, the original press materials indicated that it took place in 2062, envisioning it a century ahead of its time.

```
P W O T Y A B P S C I F I Q Q Q O E V S
Y E L R O Y W I S E C R A C K D P E Q I
L P S J R U G H R T H A O B H B G T Z N
X S R S E N O L J C F D S J U A J G Q T
I W O F Q T D S E J A F C T E U C C C R
H I S K Y H S T P P M N F C R R E X S I
O T I Z C U H O Y H A A A E E O I Q E C
L T E D M G K K N E R P S T E L L A R A
O I H X I N S G R C S R Z P N N Y M C T
G C H H T P C Y R N J F U T U R I S M E
R I J Y H G P E O O D N G J S Y I N L E
A S W O O M V I Z V H Q T U O Q S S Y X
M M O I E O T E E Z P O B D T G X R M J
Q S P S H A N V O J B L Z Y M F E O K V
N R Z O M A B K I O K D L R K L Y Q J V
L X H O J T F W R O H I U T L K G T O T
W S T T H R A Y G U N X E O H O N I W I
K U F O S X E I D B K T R C H V E N Y M
A W N E W F A N G L E D M D M Q L K B Q
A W E V B M U S H A S T R O N O M I C H
```

ASTRO	ASTRONOMIC	AUTOMATION	DROLLERY
ELROY	EMPYREAN	FUTURISM	HIGH-TECH
HOLOGRAM	HOVERCRAFT	INTRICATE	JANE
JETSON	JUDY	NEWFANGLED	RAY GUN
ROBOT	ROSIE	SCI-FI	SKY PAD
SPACE-AGE	STELLAR	WISECRACK	WITTICISM

Solution is on page 130

89

87. BOHEMIAN FASHION

In the 1960s, the Bohemian fashion movement took on a new meaning, changing how we view fashion. It influenced the Hippie Culture, rejecting conventional lifestyles and embracing the free-spirited Bohemian style.

```
W E X P R E S S I V E M C M I S T Y G V
L A R O W F I N E H E A D B A N D N Q K
Y X T S E Y T A A U V H J M X T R C F J
Y D P Z E W P I R I D E O L O G Y Q P U
T C Y I W V Z V T R C D I C F B Y C Y U
Q I O K B E K I H F S N I F N L I A C I
X C A H S R P M Y P R T E T P D O L P Z
O L J O M I Y P O M C I L E A J A W K M
P A O Z S S V Z U E L T N M T C A R Y E
M L D M P L D Z L E C N O G L H O T V T
T I R Y A E B C B J T N Q A E W N I X E
R L G H D N E V X L L R N Z H D T I G X
O C M A A T N Z K R W A I C L A Q N C T
V Q E Z D C V E N P S A T B C A J J A U
M B L F V G R R R I B A P O A P M E C R
N J Z I O Y N U T B P O V M O L B Z J E
Y M J H N M N R Y S C E F S C E F O N D
S O Q D O D A F L O W E R Y G L N P H M
N D R E Z M I C R O C H E T Z A G H K O
W E E O Z B R E M Y G B A F A V Y N I R
```

ARTISANAL	BEADED	BELIEF	BOHO
CROCHET	EARTHY	ECLECTIC	ETHNIC
EVOCATIVE	EXPRESSIVE	FLOWERY	FLOWY
FRINGED	GYPSY	HEADBAND	IDEOLOGY
INDIE	LOOSE	MANNER	MODE
NOMADIC	PATCHWORK	TEXTURED	TRIBAL

Solution is on page 130

88. GO-GO BOOTS GLAMOUR

In 1966, Nancy Sinatra released her number-one song, "These Boots Are Made for Walkin'." The song became a female empowerment anthem and boosted the popularity of Go-Go boots.

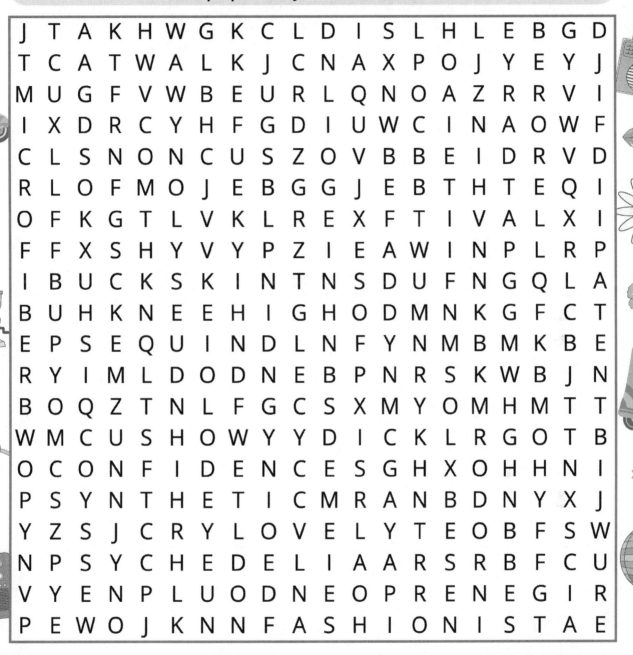

```
J T A K H W G K C L D I S L H L E B G D
T C A T W A L K J C N A X P O J Y E Y J
M U G F V W B E U R L Q N O A Z R R V I
I X D R C Y H F G D I U W C I N A O W F
C L S N O N C U S Z O V B B E I D R V D
R L O F M O J E B G G J E B T H T E Q I
O F K G T L V K L R E X F T I V A L X I
F F X S H Y V V Y P Z I E A W I N P L R P
I B U C K S K I N T N S D U F N G Q L A
B U H K N E E H I G H O D M N K G F C T
E P S E Q U I N D L N F Y N M B M K B E R
R Y I M L D O D N E B P N R S K W B J N
B O Q Z T N L F G C S X M Y O M H M T T
W M C U S H O W Y Y D I C K L R G O T B
O C O N F I D E N C E S G H X O H H N I
P S Y N T H E T I C M R A N B D N Y X J
Y Z S J C R Y L O V E L Y T E O B F S W
N P S Y C H E D E L I A A R S R B F C U
V Y E N P L U O D N E O P R E N E G I R
P E W O J K N N F A S H I O N I S T A E
```

BUCKSKIN	CATWALK	CLUBBING	CONFIDENCE
DANCEHALL	DESIGNER	FADDY	FASHIONISTA
GROOVY	HUBRIS	KNEE-HIGH	LOVELY
MICROFIBER	NEOPRENE	NYLON	PATENT
PSYCHEDELIA	RED-HOT	RIVETING	SEQUIN
SHOWY	SPANDEX	SYNTHETIC	WOOL

Solution is on page 130

60s

For the scenes on the Moon in the 1968 sci-fi film "A Space Odyssey," the director imported tons of sand, which they then washed and painted to resemble the Moon's surface color.

```
S A R Z A F U M O N O L I T H V Z D S U
Z I N F I N I T Y Y B O R E H P N F W M
C T Y A T R A N S C E N D H X A O O Y U
J O G C W C L A R K E L K I M G V O N T
P C D S E B H K K O A C I W B G M P L R
E I O Y E U Q Q T I I J O C E S V I G E
X M W X S S C F T R O B K J I N U L K U
E R A U R S K N B A F F M L A N D A Z K
X N X S D J E U Q K N A I S Q Y D S G G
P B D H T T K Y D C B H Q H Y E Z T S E
A P X I S E F C I R I Q A L I E N R J Y
N A R I L G R T S N C C R S U J X A A P
D O X O L A A P K T N A A W N S O L J R
I E B L F M T K I O A Y R D Z K G Y U O
N V R S E O N I I E R R A C Y K U R P P
G T R N C L U T O E C L G Q A Z S B I H
T S I Q C U C N T N V E M A Z N X O T E
G C F D T I R S D V Y E O U T H E A E T
R Y B L F G Y E W V H F E J N E H K R I
U V H G S M X A B L I K D U L I Q Q M C
```

ALIEN	ARCANE	ASTRAL	BOWMAN
CINEMATIC	CLARKE	DILATION	EXISTENTIAL
EXPANDING	FICTION	INFINITY	JUPITER
KUBRICK	MASTERPIECE	MONOLITH	MYSTERY
NIHILISM	OBSCURE	ODYSSEY	POOLE
PROFOUND	PROPHETIC	STARGATE	TRANSCEND

Solution is on page 130

90. COUNTERCULTURE PHENOMENA

The 1960s to mid-1970s counterculture generation was an era of change in identity, family unit, dress, and the arts. It resulted from a generation that rejected previous decades' social norms and traditional ways.

ACTIVISM   CHANGE   COMMUNE   EMPOWER

EQUALITY   EXPRESSION   FEMINISM   FREEDOM

HARMONY   HIPPIES   INCLUSIVE   INDIVIDUAL

JUSTICE   LIBERATION   LOVE   MOVEMENT

PEACE   POLITICS   PRIVILEGE   RALLY

REVOLUTION   RIGHTS   SHIFT   TRANSFORM

Solution is on page 130

91. SHAKE, SHAKE, SHAKE!

The 1976 hit "(Shake, Shake, Shake) Shake Your Booty"
is the only No. 1 single to repeat a word four times in its title.
Throughout the three-minute track, Casey repeats the phrase
"shake" an astonishing 96 times.

D G U R O J X G I L S D P O W E R F U L
I W R V H V B R L N I D P W E V M X T T
S R S J J I Q O R V Y J T I D G Z Z S W
C A U H T G R O Q W U B G N N C W L W Y
O Z E G H O K V D Y Y O E I H C T U A R
U Q V H L R R I C Z O Z M E I C Q V G E
C A T C H Y H N G B C M K M X T G Y G C
W O B R I S K G B I A A A S V H Z H E D
Y F Z B L V V A T J H N K Z P S S R R A
S T I Q M S S E M S Y N S P E P P Y B N
P C T R J Q N T M D B S F U N K Y F H C
R P X F H I G N A N T H E M O T E O U E
I J G V K X J E V D B A S S L I N E X F
G F S Q G L U P B E A T O U E G B P V L
H C U W Q L Y N I G H T L I F E J U G O
T D L P A V I V A C I O U S B M E M E O
L F R U K Y F J P Q S C A U O P L P S R
Y Y R E B A T S O H C V B K O A Y I O A
P P F G G G M T N O Z X G O T S T N J U
Q B V D R O V M J E C D V W Y N J G O D

ANTHEM	BASSLINE	BOOGIE	BOOTY
BRISK	CATCHY	CLUB	DANCEFLOOR
DISCO	DYNAMIC	FUNKY	GROOVING
JAMMING	KINETIC	NIGHTLIFE	PEPPY
POWERFUL	PUMPING	SHAKE	SPRIGHTLY
SWAGGER	UPBEAT	VIGOR	VIVACIOUS

Solution is on page 131

92. SONY WALKMAN POCKET BEATS

The first Sony Walkman was launched in Tokyo, Japan, on June 22, 1979. Journalists were treated to a unique press conference where they were taken to a major park in Tokyo and given a Walkman to wear.

```
Y Q K F N C A R B E E L E C T R O N I C
M W T B T A Z M S H E A D P H O N E I P
O P M G R S T E C H N O L O G Y Y E N E
B O I V P S T T P T P Q A I T P L W N R
I R N A O E N B X R R D X G Y B J C O S
L T I J C T O R N E M O P B A W Y C V O
I A A E K T J N L N J H E R X Y Z U A N
T B T E E A N Z D F B A K R N E R T A
Y L U N T M Z T S S T E R E O Z E T I L
G E R E K X E C U G W C T C H C N Q O G
R S E L Q L C M T P X T R W I D I T N V
H X A J I T A S X C A G S V T W P W S R
C W B B W X I E N B X P E O I Z Z N P F
A N O T O L S O M A E D L J N O P V H M
P M V H Y A Q V C V M G D W W Y A F G W
M L S A J I N N U U F T Z C U L T U R E
I F L K O F M D C N Z A V A N O D E F N
D P K Q B Y A U D I O P H I L E Y K Z B
C D L I F E S T Y L E E H I K C M J X X
B D I G I T A L S N E I Y T C K K N V H
```

AUDIOPHILE	BATTERY	CASSETTE	CULTURE
DEVICE	DIGITAL	ELECTRONIC	HEADPHONE
INNOVATION	LIFESTYLE	MINIATURE	MOBILE
MOBILITY	PERSONAL	PLAYLIST	POCKET
PORTABLE	SONY	STEREO	TAPE
TECHNOLOGY	TREND	WALKMAN	WEARABLE

Solution is on page 131

93. THE MARY TYLER MOORE SHOW

American TV hit "The Mary Tyler Moore Show" was a popular CBS television program from 1970 to 1977. It regularly attracted large audiences and won over 29 Emmy Awards for Outstanding Comedy Series.

```
R A E V K C N D Z E I S B M O K M C A R
N X X M P G E V R M U P O R T R A Y E M
K Z C Y M R W F M E N C O M P L E X K E
X L D C A A S U N M I F G A X Z D R H M
A S N E R N R F W M V E P B K Q C S S O
Z J Z T A T O N K Y E A W M I W K I R R
R B H Z A Z O Y X K N C O K D L L G E A
J K U M J K M A R Y S F W B I O A E L B
P R Y Q R P H Y L L I S L W P F B S A L
R E A L I S T I C J S R C A C X L D T E
X L G O I L P R F S B R E T A E F E A W
I U V S M P O E J G E N I L Y D R U B M
X G L W Y H B Y U T N V O S I L K L L O
H C L N C X G E X I C V S X S A E K E O
G Z W N G O R A M R R S D R L U N R Z R
W U A V Y A B C F K Y H Q Y U X E T B E
V Y P R O D U C E R K D O C M P F C T Z
J J T A I B B L E K O B Z D L U Z S O D
F F A S H I O N X H L Y E B A X B O H F
S N U U Z C I N D E P E N D E N T X Z P
```

ANCHOR	ASNER	BAXTER	COMPLEX
EMMY	FASHION	GRANT	INDEPENDENT
ISSUE	LAST	MARY	MEMORABLE
MINNEAPOLIS	MOORE	NEWSROOM	NIVENS
PHYLLIS	PORTRAY	PRODUCER	REALISTIC
RELATABLE	RELIANT	RHODA	TYLER

Solution is on page 131

70s

Saturday Night Live premiered as "NBC's Saturday Night" since there was already a show titled "Saturday Night Live" on ABC. When the ABC show ended in 1976, the NBC show changed its show's title to Saturday Night Live.

```
C A J H T C M O N O L O G U E C X E G J
I R S C D E M G S A M F L T A V B E I B
M I M A T P L H E C Y F Z X R I P C L Q
U D A O T M Y L H B R B V Y V R J A N N
U I K O B I B Y R W I W S B A O S I I
I B E M E M R M R L W X P A M L M T L T
M R U O E G R I A Y Z M X T C R P W G R
P B P S P E G S C D J J F U A K K T N A
R O N O T E R A C A K D R R M T H U R D
E E Y I M A N F R B L I A D E Z I Z E E
S R R A E S I I I M V X T A O O L B C M
S W X H F G T K N M D C I Y R K A J U A
I E E D W C F H P G E N N A Y H R P R R
O R E L F O I U P W G D G B H I I H R K
N Z D C I M J Z N I B C I G H H O O I V
A L G L A E C X W N I H Q A G J U S N O
I Y Y I H D E X U L Y U B U T D S T G J
T P Z O E I N C Z R Z D A J S Y X R E Z
C C H V O A T S Q U R L X C Q E B L C O
D W Q X F N Y Z H N E C N T A O O A F H
```

CAMEO	CAST	COMEDIAN	EDGY
ENSEMBLE	FUNNY	HILARIOUS	HOST
IMPRESSION	LAUGH	MAKEUP	MEDIA
MONOLOGUE	OPENING	RATING	RECURRING
REHEARSAL	SATIRICAL	SATURDAY	SCRIPT
TRADEMARK	VIRAL	WIG	WRITER

Solution is on page 131

95. WOOLWORTHS FIVE-AND-DIME STORE

By Woolworth's 100th anniversary in 1979, Woolworth's became the largest department store chain in the world, with over 5,000 nearly identical stores across the globe.

BUDGET	CHAIN	CHEAP	CONSUMER
CONVENIENT	COST	CUT	DEDUCTION
DIME	DISCOUNT	FIVE	INEXPENSIVE
LOWER	MALL	MODERATE	PENNY
REBATE	REDUCED	SELLING	STORE
THRIFTY	VEND	WHOLESALE	WOOLWORTH

Solution is on page 131

A Hindu goddess inspired the Rolling Stones' band logo. Reportedly, they aimed for it to mimic the Hindu Goddess Kali, frequently shown with her mouth open and tongue hanging out.

J	F	C	L	X	Y	N	P	M	D	G	I	P	H	T	D	G	K	H	D
P	A	R	P	Y	O	U	C	O	C	U	I	E	G	G	N	Y	O	D	D
O	N	V	O	C	R	I	R	S	N	I	C	R	E	I	T	L	L	V	C
G	D	V	U	A	Y	I	U	J	J	T	I	S	N	W	C	S	T	S	E
I	O	C	N	G	F	O	C	Q	O	A	R	I	I	A	U	W	M	L	H
L	M	K	A	K	R	J	B	A	W	R	F	S	U	T	O	U	B	E	O
L	H	O	D	O	F	D	A	C	L	E	S	T	S	H	R	I	K	H	E
U	R	M	N	O	T	E	S	R	D	V	D	E	O	D	L	Q	S	T	W
S	V	O	Q	K	X	F	S	N	O	E	M	N	L	E	T	I	U	S	C
T	S	O	U	W	L	I	L	O	J	U	U	T	D	L	T	L	H	X	E
R	T	N	C	P	B	A	I	T	K	M	S	N	Y	I	O	E	X	Y	V
I	S	N	F	A	W	N	N	O	R	W	I	Y	R	S	L	I	F	X	E
O	J	Q	M	V	L	T	G	R	C	Y	C	B	E	N	O	R	C	B	R
U	O	A	Y	O	F	S	R	I	A	Y	A	R	F	S	X	B	D	L	L
S	V	K	G	D	B	G	A	E	E	U	L	I	C	F	I	Y	A	U	A
F	J	D	X	G	I	K	I	T	D	E	D	I	C	A	T	E	D	E	S
U	E	V	Q	N	E	F	N	Y	H	S	G	Z	O	I	L	J	D	S	T
M	O	Q	I	L	J	R	E	R	E	S	O	N	A	N	T	V	C	N	I
G	Q	H	D	C	B	C	D	C	M	A	O	Z	S	H	O	X	R	S	N
H	V	Y	E	N	C	D	I	S	R	U	P	T	I	V	E	O	R	I	G

BASS	BLUES	BRITISH	DEDICATED
DEFIANT	DEFINING	DISRUPTIVE	DRUMS
EVERLASTING	FANDOM	GENIUS	GUITAR
ILLUSTRIOUS	INDELIBLE	INGRAINED	JAGGER
LYRICAL	MUSICAL	NOTORIETY	PERSISTENT
RESOLUTE	RESONANT	SONOROUS	VOCALS

Solution is on page 131

97. VOLKSWAGEN BEETLE RIDE

Volkswagen gave a $300 savings bond for babies born inside a Volkswagen Beetle. Between 1964 and 1989, just over 400 kids received the special "Beetle Baby" bond and an incredible story to tell people as an icebreaker.

```
N O I I B H A D Q O E M O E I S L J I X
C M T A E X J Z U U E C O N O M I C H I
Q E S F Y L A K Q G S S B L E O E W I O
W F V F I M P I I N S B P L K K C U V C
W F V O K U N Q M K Q I B D I D V D U F
R I N R T U U F E S R A Z M W A R Z Q B
E C O D D S B V A T I A D V E N T U R E
N I T A E K J K X L P J R X A X Q I U J
O E I B S U Q A E T P O I Z G T U X I Y
W N C L I S W R C F N L V T S K I L T Q
N T E E G V V A R E A H E I C O R Z P C
E O A T N Z P V G V M M E B P H K J R T
D V B C R M W A E U L N O L E B Y T O I
D S L Q O A W V W H I N H U J E J D M Y
G S E C D S V I W G I Q T L S L T O I P
M E A B K B C E N B Q C Q S C A R L N F
L N R L M U Q E L R Q K L I G B F S E O
O F O M U G H Z R Z H V M E D E S W N G
Y V A Z A A U T O M O B I L E V L V T O
P S W Z T N M W M F P Q H G Q E N Z J G
```

ADVENTURE	AFFORDABLE	AUTOMOBILE	BEETLE
BUG	CAR	COMPACT	DESIGN
DRIVE	ECONOMIC	EFFICIENT	ENGINE
FAMOUS	GERMAN	NOTICEABLE	PROMINENT
QUIRKY	RELIABLE	RENOWNED	TRAVEL
TRIP	UNIQUE	VEHICLE	VOLKSWAGEN

Solution is on page 132

98. MR. POTATO HEAD

Mr. Potato Head ran for mayor in 1985, breaking a Guinness World Record by receiving four postal votes, the most for a toy in a political campaign.

ADORABLE

ASSEMBLE

BIZARRE

CHARACTER

CHEERY

CHILDHOOD

CREATIVITY

DELIGHTFUL

ENDEARING

FREAKY

HASBRO

INNOVATIVE

NICKNACK

ORIGINAL

PECULIAR

PLASTIC

PLAYTIME

POTATO

SILLY

TIMELESS

TRINKET

VERSATILE

WACKY

WEIRD

Solution is on page 132

80s

The "Miracle On Ice" 1980 Olympic hockey game between the USA and Russia is regarded as one of the biggest upsets in sports history. It took place on February 22, 1980, when a team of amateurs from the US beat professionals from Russia by a score of 4-3.

```
S I G N I F I C A N T Q M S V A Z B I O
D I H P F O H T P R I D E Z W U L D Y L
K B U O X R F Y W V R U S S I A Q T O A
R M F Z C A X X Y I I N H K Q W G R L N
E Q A Z B A A L N N N C I F R H H I Y U
S C J T T U M C K Y I T T J B K B U M W
I O C A M M I C E L C U E O B F F M P F
L U W J V O A S M W E F N R R J V P I D
I R J A R B K K O M X P L D M I R H C V
E A L E E M T L T H A B Q N E N O A S N
N G H M K I N F I C S T G K E R T U B E
C E O I X Y M U O N B S C A V T D K S H
E C H N R T Z P N Y A X D H M M D O R O
K P O T H W J S A A J A C E Z E W O G C
W M P E E R G E L C A T E D U O N W F K
Q V O N E I T T W L T S M B G O O F C E
H B Y S Y C Q P Y F G X N Y H W I X C Y
O C G E P W V Y Y V M I R A C L E O D P
S I J R Q T S V A G P A T R I O T I S M
Z Y V F U L I W X D R A M A T I C K Q N
```

COMEBACK	COURAGE	DRAMATIC	EMOTIONAL
GAME	HEROIC	HOCKEY	HONOR
ICE	IMPACT	INTENSE	MATCH
MIRACLE	OLYMPICS	PATRIOTISM	PRIDE
RESILIENCE	RUSSIA	SIGNIFICANT	TRIUMPH
UNDERDOG	UPSET	VICTORIOUS	WINTER

Solution is on page 132

100. APPLE MACINTOSH: TECH REVOLUTION

Every original Mac released in 1984 was autographed. Inside the beige plastic enclosure of every 128K Macintosh were engraved signatures from everyone on the Apple Mac team, including Steve Jobs and Steve Wozniak.

```
I N N O V A T E Q Y G T O S N G C R T G
M R W I R E L E S S X U T M A C B O O K
C E M S W A A O T R A C K P A D F W P S
X S F A Y V F Q Z O N S K M E G Y U J O
E O I U C S T R A Z L R O W A C R G K H
Z L A G X I T D O P A M K F U I I J C B
I U F S U E N E I Z P B A X T U H U F H
N T C M I H J T M Y T L Z K M W E G K M
T I J L R P A Z O J O Q I W A O A R D F
E O S E M I I R Q S P F E C F G U R W O
R N S U A X N P D I H V M K A K U S E M
F U R U V E G O M W E S Q L A T D D E R
A U E C S L Q N G T A U G I L P I U X E
C T E S K Z T M S D P R M I A U P O O T
E Q U V T T Q U U I K L E Q Z W P L N I
O H S S O H B C M S A E M J S M E Q E N
S D E S K T O P C O M P U T E R O Y K A
N G D V U L H E A P E R I P H E R A L V
R D I S P L A Y Q P X C N Y F F Y O O Z
S P T E J P R O C E S S O R I B R I K D
```

APPLE	APPLICATION	COMPUTER	DESKTOP
DISPLAY	GIZMO	HARDWARE	INNOVATE
INTERFACE	LAPTOP	MACBOOK	MACINTOSH
MOUSE	PERIPHERAL	PIXEL	PROCESSOR
RESOLUTION	RETINA	SOFTWARE	STEVE
SYSTEM	TRACKPAD	USER	WIRELESS

Solution is on page 132

Bonus #1
TRIVIA TIME

1. What 1940s film is known for the iconic line "Here's looking at you, kid"?

    a. It's a Wonderful Life   **c.** The Great Dictator
    b. Casablanca   **d.** Citizen Kane

2. Which candy bar, named after a family's horse, became a commercial hit in the 1940s?

    a. Snickers   **c.** Mounds
    b. Almond Joy   **d.** Whatchamacallit

3. Which of these iconic toys was introduced for the first time in 1949?

    a. Slinky   **c.** Mr. Potato Head
    b. LEGO bricks   **d.** Silly Putty

4. What type of dance became a nationwide craze in the United States during the 1940s?

    a. Waltz   **c.** Swing
    b. Tango   **d.** Foxtrot

5. Who was a famous jazz musician known for singing and playing the trumpet in the 1940s?

    a. Duke Ellington   **c.** Benny Goodman
    b. Louis Armstrong   **d.** Miles Davis

6. Which 1950s TV show featured the characters Lucy Ricardo and Ethel Mertz?

    a. The Honeymooners   **c.** Gunsmoke
    b. I Love Lucy   **d.** Bonanza

Answers are on pages 132 — 136

7. What was the first commercially successful video game released in the late 1950s?

   a. Spacewar!   **c.** Tennis for Two
   b. Pong   **d.** Pac-Man

8. Who founded the fast food chain McDonald's in the 1950s?

   a. The McDonald brothers   **c.** Colonel Sanders
   b. Dave Thomas   **d.** Jerry Baldwin

9. Which car became symbolic of the 1950s and is often seen in retro themes today?

   a. Ford Mustang   **c.** Volkswagen Beetle
   b. Chevrolet Bel Air   **d.** Cadillac Eldorado

10. What popular board game was first sold in the 1950s?

    a. Monopoly   **c.** Risk
    b. Clue   **d.** Scrabble

11. Which band led the British Invasion of the US music scene?

    a. The Beatles   **c.** The Rolling Stones
    b. The Who   **d.** The Kinks

12. What was the major fashion innovation introduced by Mary Quant?

    a. The mini skirt   **c.** Tie-dye shirts
    b. Bell-bottom jeans   **d.** Platform shoes

13. Which TV show debuted in 1966 and featured a futuristic space exploration crew?

    a. Star Wars   **c.** Lost in Space
    b. Star Trek   **d.** The Twilight Zone

Answers are on pages 132 — 136

14. Which event became known as "The Summer of Love"?

a. Woodstock
b. Monterey Pop Festival
c. Altamont Free Concert
d. Isle of Wight Festival

15. Who is known as the father of Pop Art, a movement prominent in the 1960s?

a. Andy Warhol
b. Roy Lichtenstein
c. Richard Hamilton
d. Jackson Pollock

16. What 1970s movie featured a large shark as the main antagonist?

a. Jaws
b. Shark Tale
c. Soul Surfer
d. The Deep

17. Which technology company was founded in the 1970s and would later become a major player in personal computing?

a. IBM
b. Nvidia
c. Apple
d. Intel

18. What famous disco song by the Bee Gees became an anthem of the late 1970s?

a. Stayin' Alive
b. Boogie Wonderland
c. Le Freak
d. Disco Inferno

19. Which 1970s TV show featured a family singing group traveling across the country in a painted bus?

a. The Partridge Family
b. The Brady Bunch
c. All in the Family
d. M*A*S*H

20. Who became a teen idol and pop sensation in the 1970s with hits like "Puppy Love"?

a. David Cassidy
b. Donny Osmond
c. Michael Jackson
d. John Travolta

Answers are on pages 132 — 136

21. Which video game, featuring a mustachioed plumber, was released by Nintendo in the 1980s?

    a. Space Invaders   **c.** Tetris

    b. Super Mario Bros.   **d.** Pac-Man

22. What was the name of the global benefit concert held in 1985 to raise funds for famine relief in Ethiopia?

    a. Woodstock '85   **c.** Farm Aid

    b. Live Aid   **d.** Sun City

23. Which fashion item became synonymous with 1980s youth culture?

    a. Bell-bottoms   **c.** Poodle skirts

    b. The mini skirt   **d.** Denim vests

24. Which TV series featured a high-tech talking car named KITT?

    a. Knight Rider   **c.** Miami Vice

    b. The A-Team   **d.** Magnum, P.I.

25. What significant world event occurred on November 9, 1989?

    a. The launch of the Hubble Space Telescope   **c.** The fall of the Berlin Wall

    b. The Chernobyl disaster   **d.** The end of the Iran-Iraq War

Answers are on pages 132— 136

Bonus #2: SCRAMBLE FUN

Movie Magic

1. FOGRAETHD   _ _ _ _ _ _ _ _ _

2. ABSAAACNCL   _ _ _ _ _ _ _ _ _ _

3. HOSYCP   _ _ _ _ _ _

4. LUTITLB   _ _ _ _ _ _ _

5. IXERSOTC   _ _ _ _ _ _ _ _

6. ADTEARGU   _ _ _ _ _ _ _ _

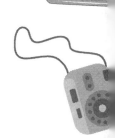

7. YOKRC   _ _ _ _ _

8. AJSW   _ _ _ _

9. INTHWNCOA   _ _ _ _ _ _ _ _ _

10. MHAS   _ _ _ _

11. OTNAPT   _ _ _ _ _ _

12. EALNI   _ _ _ _ _

13. GVTIROE   _ _ _ _ _ _ _

14. WEONRKT   _ _ _ _ _ _ _ _

15. AIXT VIRRED   _ _ _ _ _ _ _ _ _ _

16. YM ARIF AYDL   _ _ _ _ _ _ _ _ _ _

17. NIAGT   _ _ _ _ _

18. REBUNH   _ _ _ - _ _ _

19. NGEO HTWI HET IDNW _ _ _ _ _ _ _ _ _ _ _ _ _ _ _

Answers are on page 136

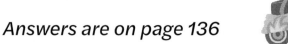

TV Time

1. ETH NDAY HIRITFGF HOSW

   ___ ____ _____ ____

2. EHT BYDRA UHBNC

   ___ _____ _____

3. EVAEL TI TO BAEVRE

   _____ __ __ _____

4. SOFNDRA DNA NSO

   _____ ___ ___

5. HET NSALOTW

   ___ _____

6. APYPH DSAY

   _____ ____

7. TEH MAYR TERLY ROOEM SWOH

   ___ ____ _____ _____ ____

8. HTE IDCK VNA EDYK SOWH

   ___ ____ ___ ____ ____

9. LAL NI HTE AIMYLF

   ___ __ ___ _____

10. HTE SSTRNUEM

    ___ _____

Answers are on page 136

Cool Rides

1. MANTUSG   _ _ _ _ _ _ _

2. RTTVCOEE   _ _ _ _ _ _ _ _

3. ROAAMC   _ _ _ _ _ _

4. RDRDBHUNETI _ _ _ _ _ _ _ _ _ _ _

5. TBLEEE   _ _ _ _ _ _

6. AIAMPL   _ _ _ _ _ _

7. HGRAREC   _ _ _ _ _ _ _

8. CNEGARLLHE   _ _ _ _ _ _ _ _ _ _

9. CRBUAADAR   _ _ _ _ _ _ _ _ _

10 OTG   _ _ _

11. ANVO   _ _ _ _

12. FRIRBDEI   _ _ _ _ _ _ _ _

13. EL MAIONC   _ _ _ _ _ _ _ _

14. LDROEOAD   _ _ _ _ _ _ _ _

15. EECELVLH   _ _ _ _ _ _ _ _

16. TPION   _ _ _ _ _

17. RENMLGI   _ _ _ _ _ _ _

18. EVRCAIMK   _ _ _ _ _ _ _ _

19. NOLEIACTNTN _ _ _ _ _ _ _ _ _ _

20. FYRU   _ _ _ _

Answers are on page 136

Bonus #3

CHUCKLE CORNER

Q: Why was the math teacher late to work?
A: She took the rhombus.

Q: What did the fish say when it hit the wall?
A: "Dam."

Q: Why did the scarecrow win an award?
A: Because he was outstanding in his field!

Q: What did the big flower say to the little flower?
A: "Hey, bud!"

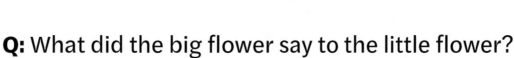

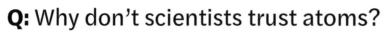

Q: Why don't scientists trust atoms?

A: Because they make up everything!

Q: Why did the golfer bring an extra pair of pants?

A: In case he got a hole in one.

Q: Why did the football coach go to the bank?

A: To get his quarterback!

Q: How does a snowman get around?

A: By riding an "icicle"!

Q: Why was the math book sad?

A: Because it had too many problems.

Q: How do you catch a squirrel?

A: Climb up a tree and act like a nut!

Q: Why did the bicycle fall over?
A: Because it was two-tired!

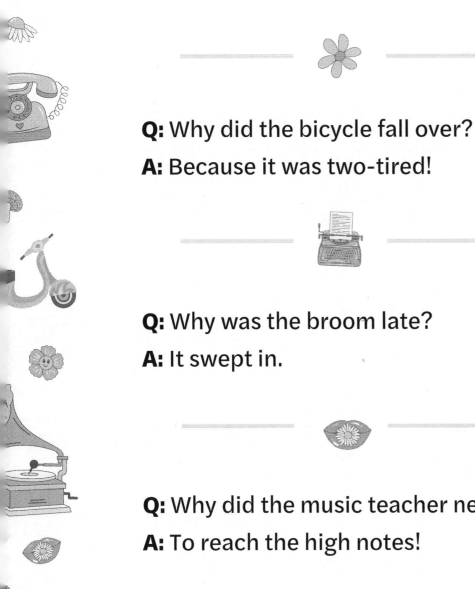

Q: Why was the broom late?
A: It swept in.

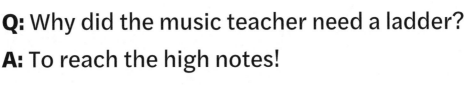

Q: Why did the music teacher need a ladder?
A: To reach the high notes!

Q: Why did the cookie go to the doctor?
A: Because it felt crummy!

Q: Why don't some couples go to the gym?
A: Because some relationships don't work out.

Q: Why do chicken coops only have two doors?

A: Because if they had four, they'd be chicken sedans!

Q: What do you call a sleeping bull?

A: A bulldozer!

Q: What do you get when you cross a snowman with a vampire?

A: Frostbite.

Q: Why can't you give Elsa a balloon?

A: Because she will let it go.

Q: What do you call cheese that isn't yours?

A: Nacho cheese!

Bonus #4

EXCLUSIVE RETRO DELIGHTS: SIGN UP FOR NOSTALGIC EXTRAS!

Cool News! Get your hands on 80 extra fab word search puzzles packed with positive and inspirational vibes.

Just drop your name and email at the link below. You can type the URL into your web browser or scan the QR code with your smartphone camera.

yourdreampress.com/bonus

Print and dig those bonus puzzles anytime you want a bit of fun.

Plus, you'll be in the running to score my Paperback books for FREE and more cool goodies exclusively for my email list subscribers.

No obligations, just good vibes. Catch you on the flip side!

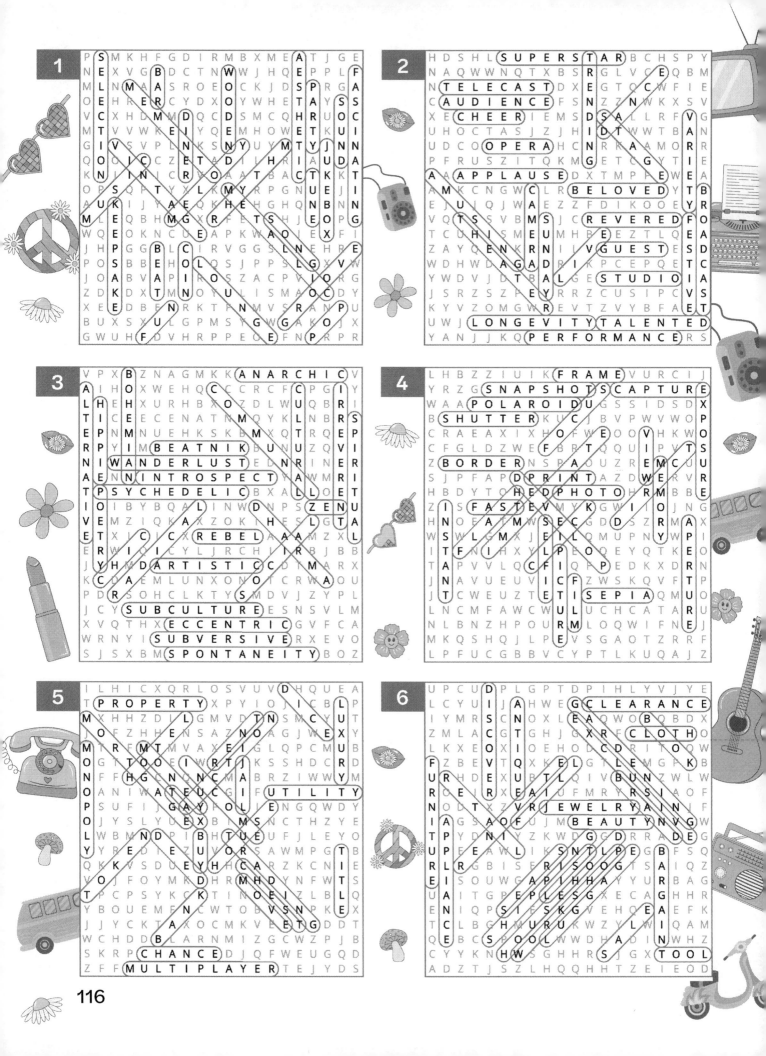

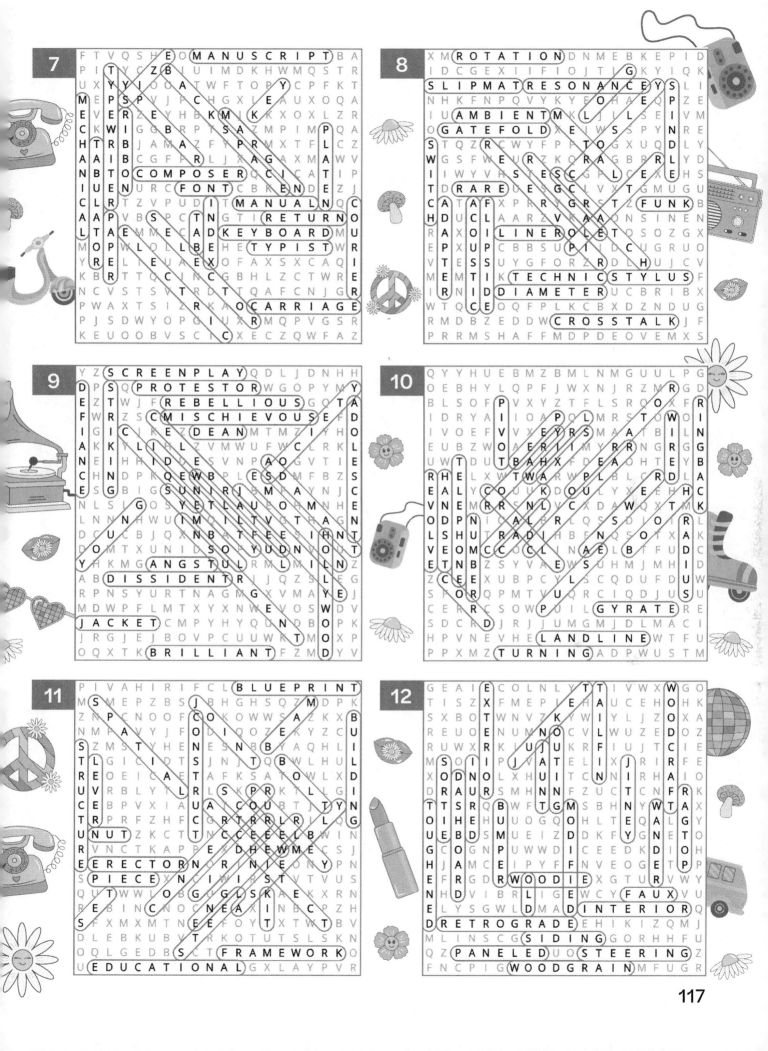

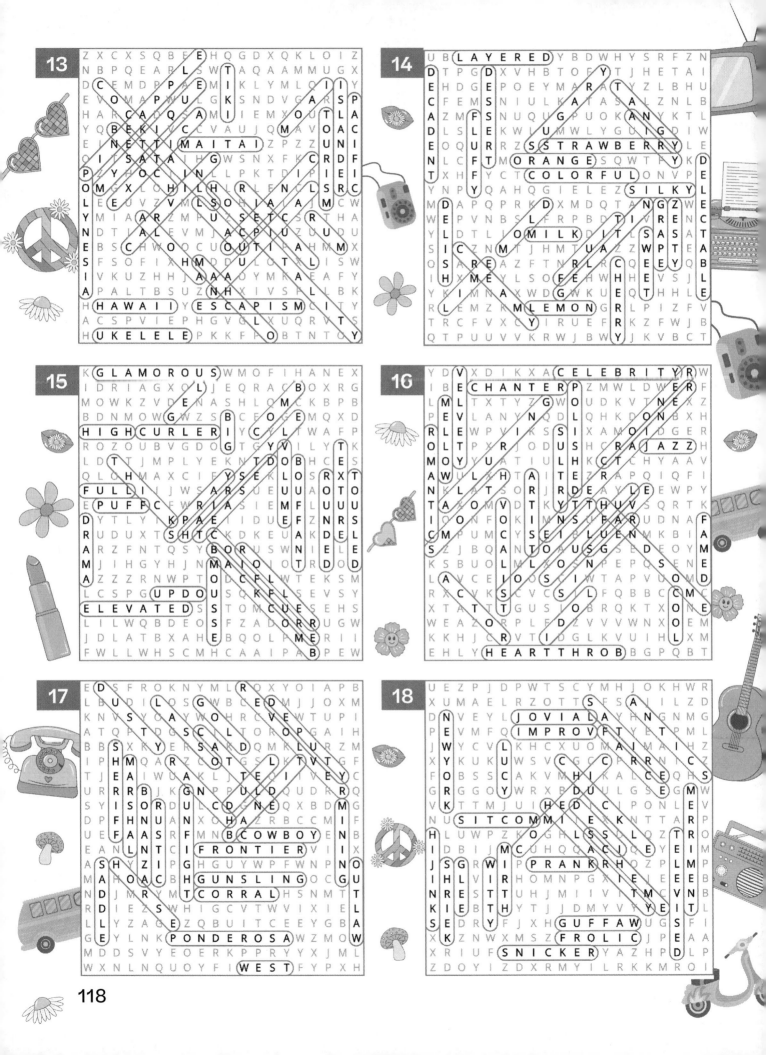

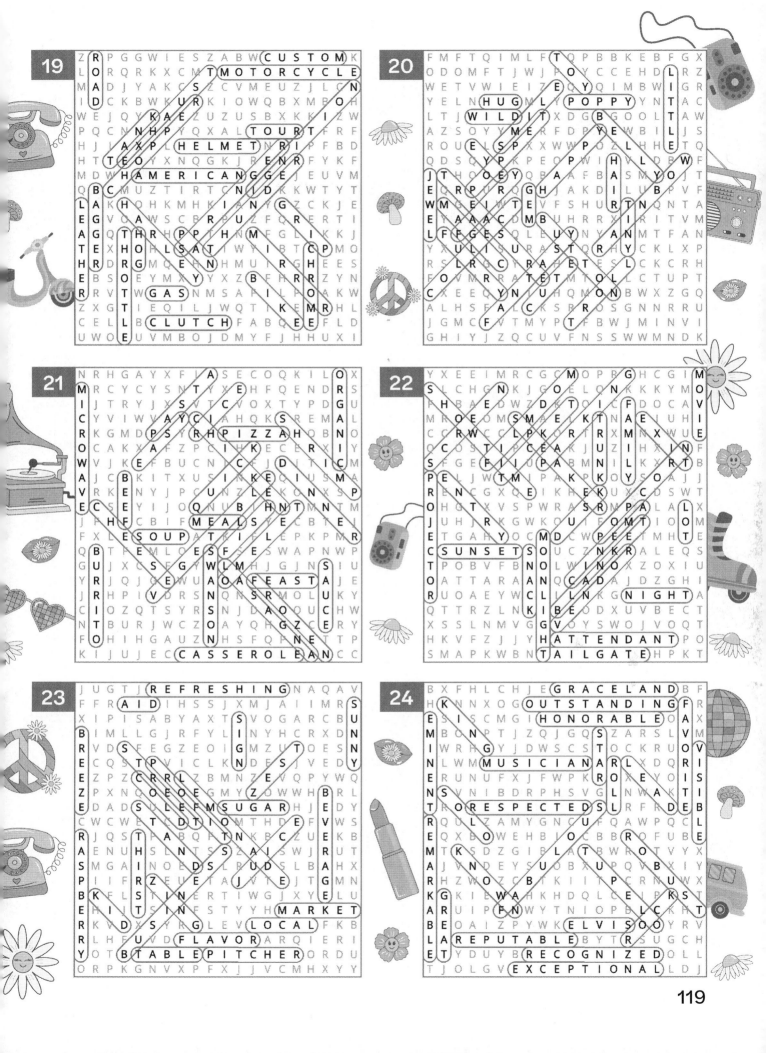

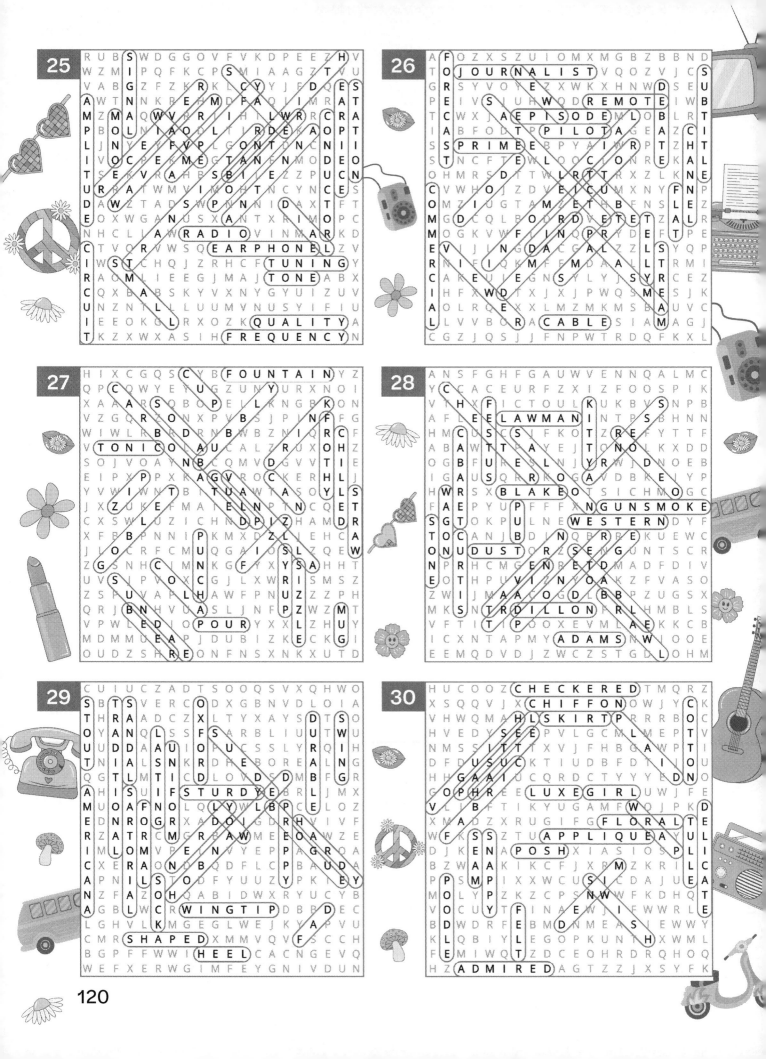

25 — SWDGGOVFVKDPEEZH... grid words: SIGNAL, AMPLITUDE, CIRCUIT, RADIO, EARPHONE, TUNING, TONE, QUALITY, FREQUENCY, STATION, EARPIECE, CONDUCTOR

26 — grid words: FORECAST, JOURNALIST, REMOTE, SUBTITLE, EPISODE, DEBATE, PILOT, PRIME, CHANNEL, COMMERCIAL, FLAT, STREAM, CABLE

27 — grid words: FOUNTAIN, CUP, TONIC, FROTHY, CHILLED, STRAW, PUNCH, DRIZZLE, POUR, MUG

28 — grid words: LAWMAN, KITTY, RENO, GUNSMOKE, WESTERN, BLAKE, DUST, DILLON, ADAMS, CABARET, WAGON, STONE

29 — grid words: STOUT, TRADITIONAL, SANDAL, LASTING, UNIFORM, OXFORD, STURDY, DURABLE, SWING, AMERICANA, WINGTIP, SHAPED, HEEL

30 — grid words: CHECKERED, CHIFFON, SKIRT, COTTON, LUXE, GIRL, FLORAL, APPLIQUE, POSH, SNAPPY, POODLE, FELT, DELICATE, ADMIRED

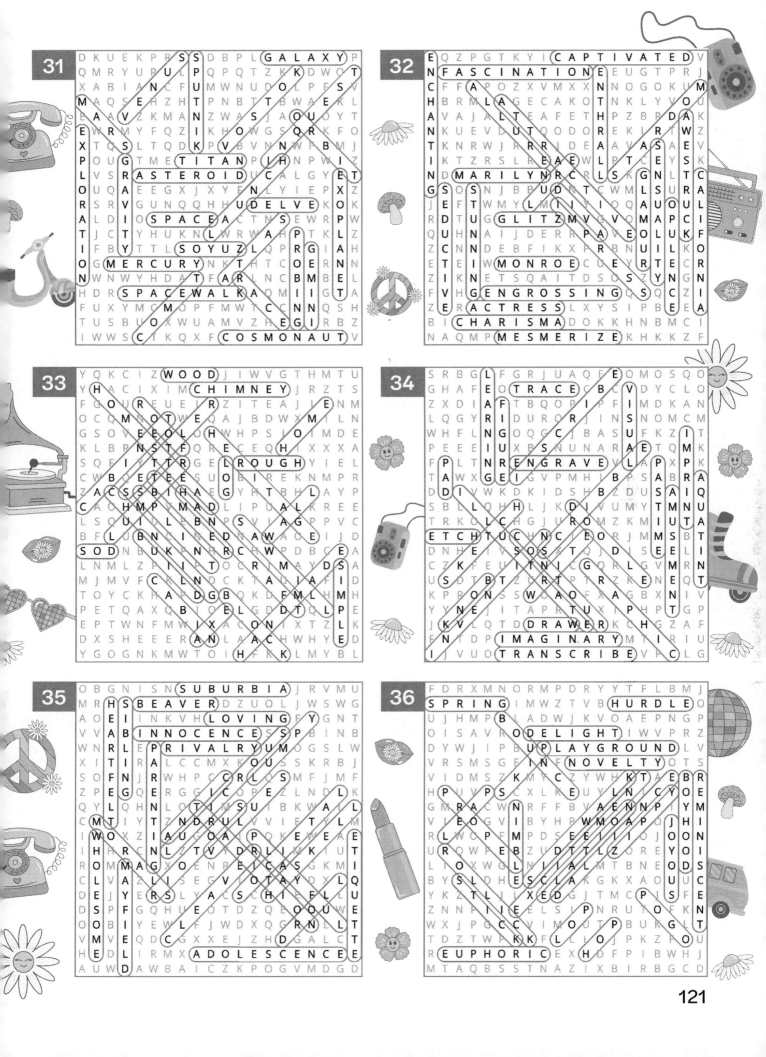

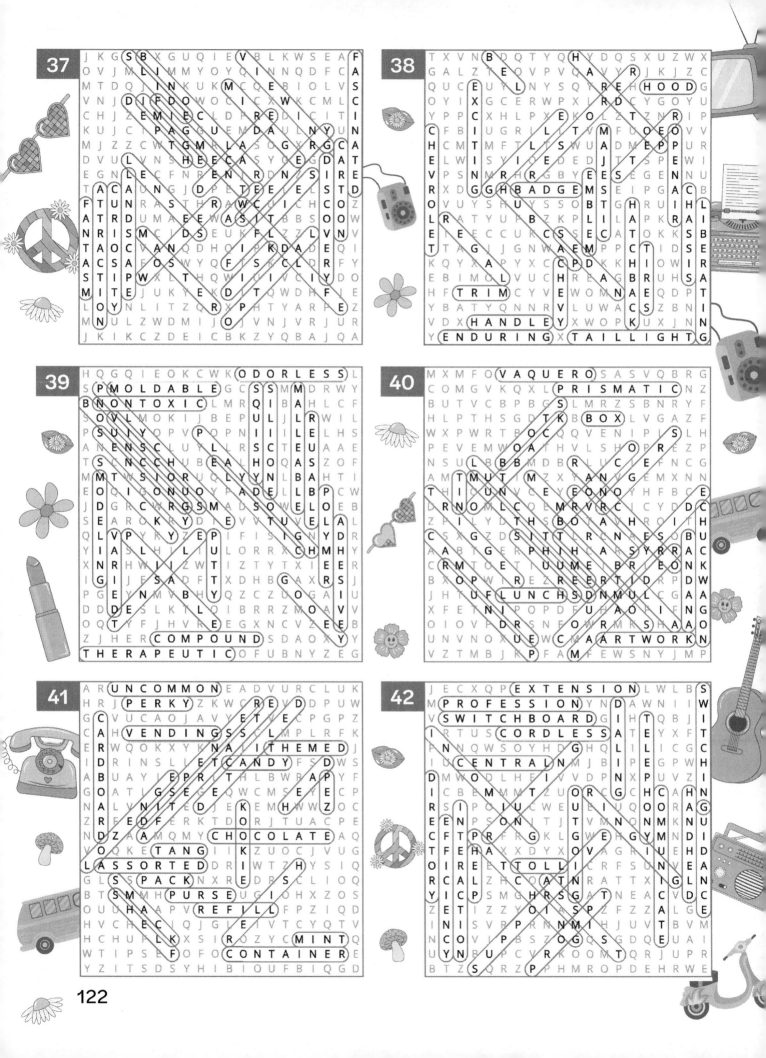

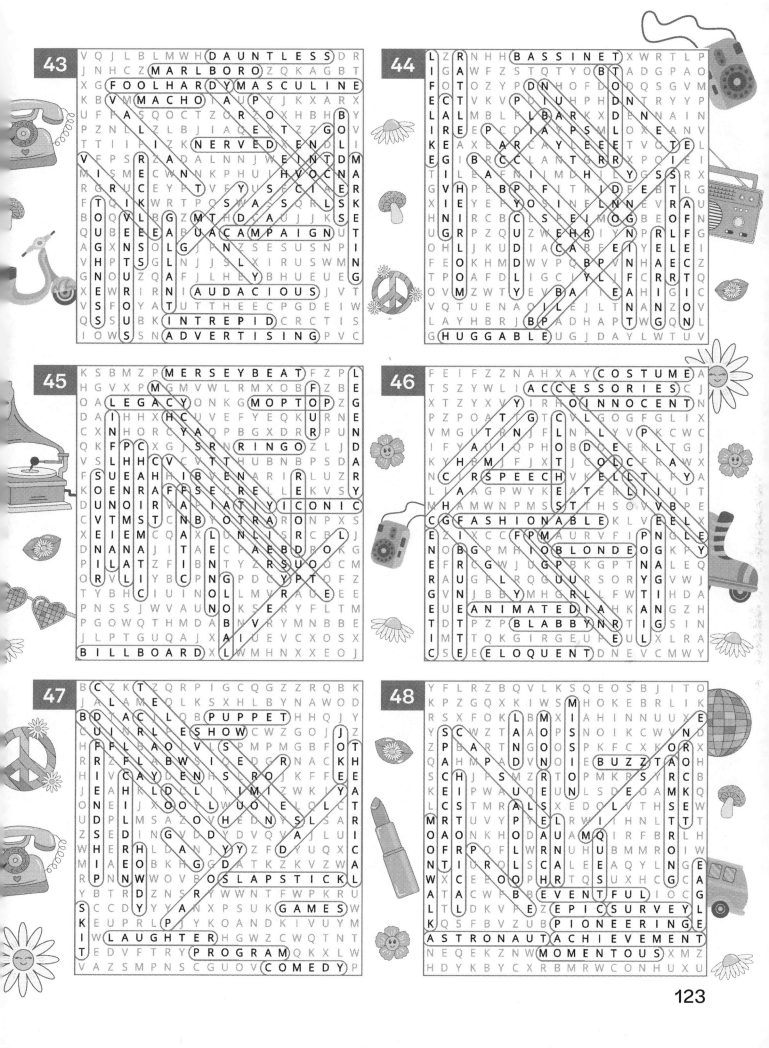

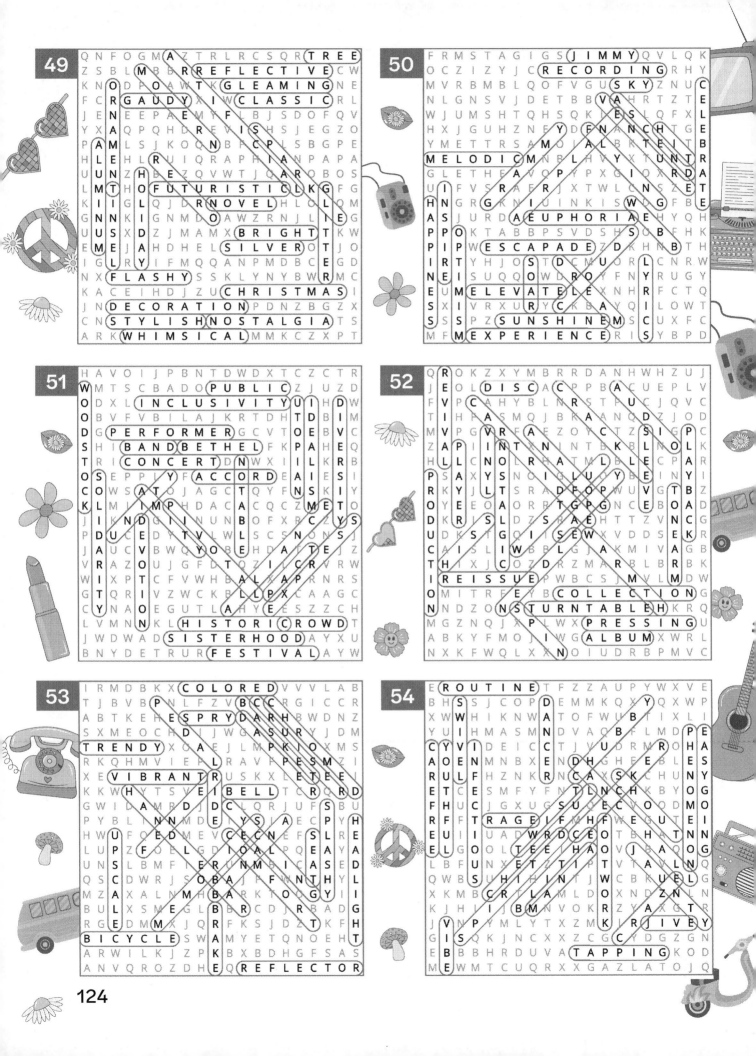

124

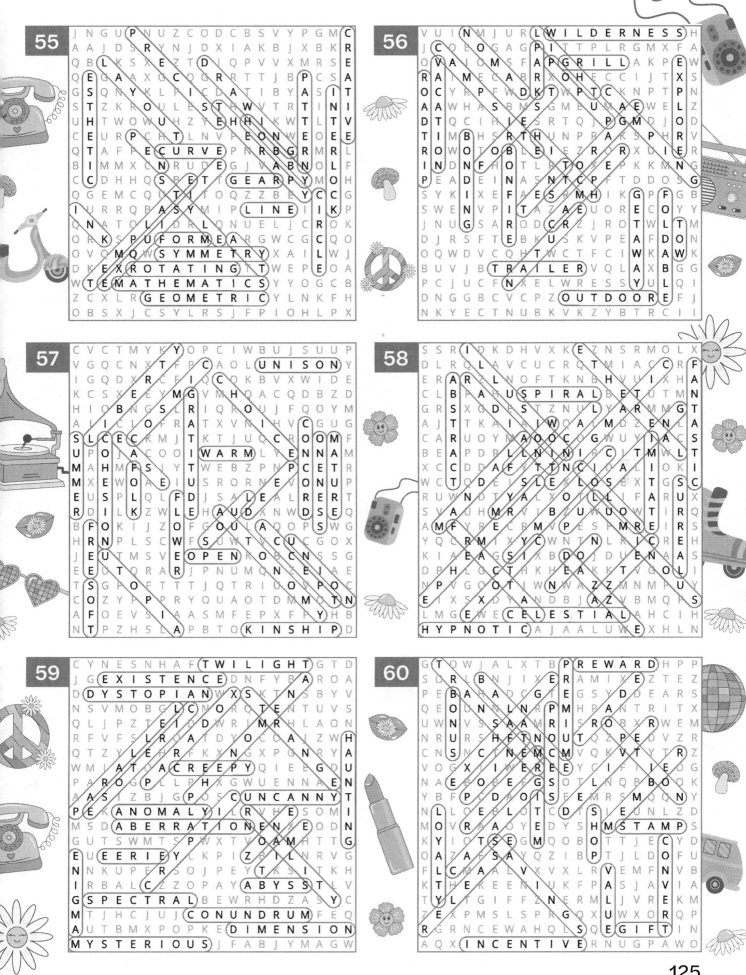

55

56

57

58

59

60

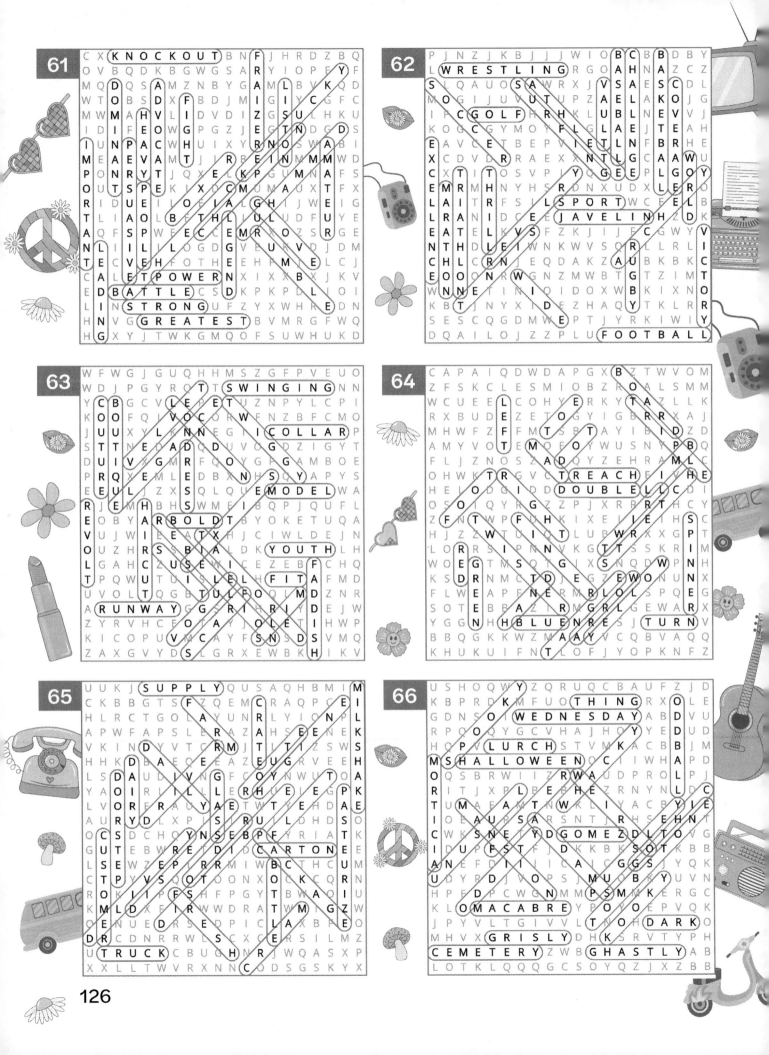

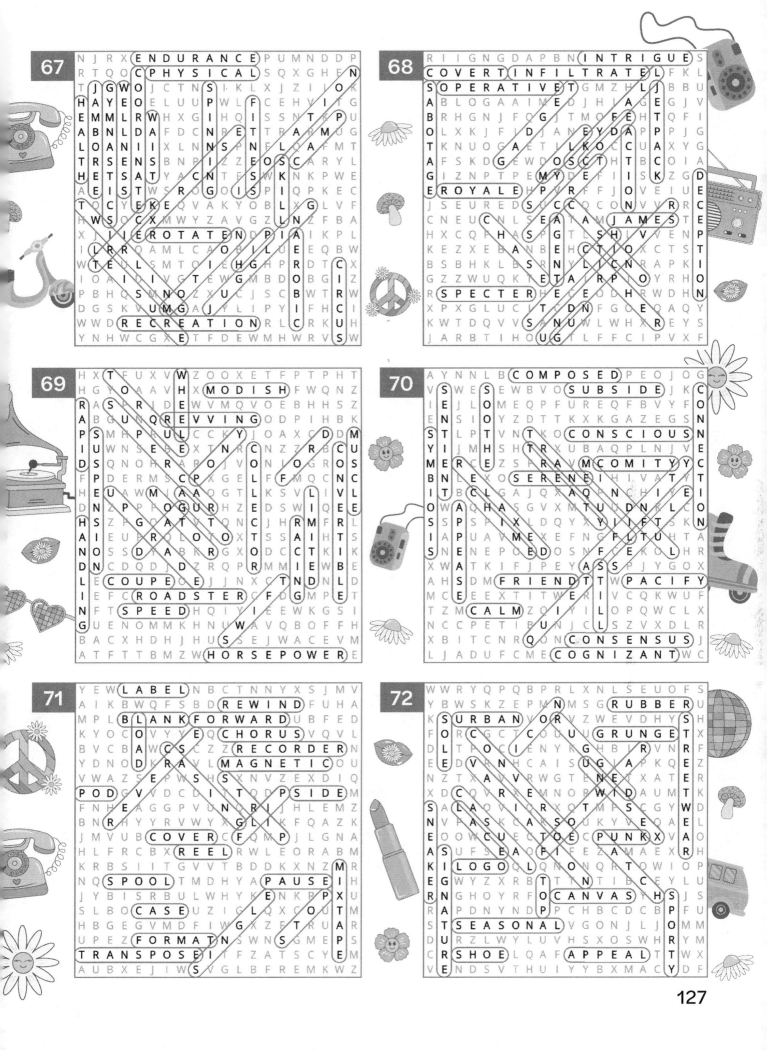

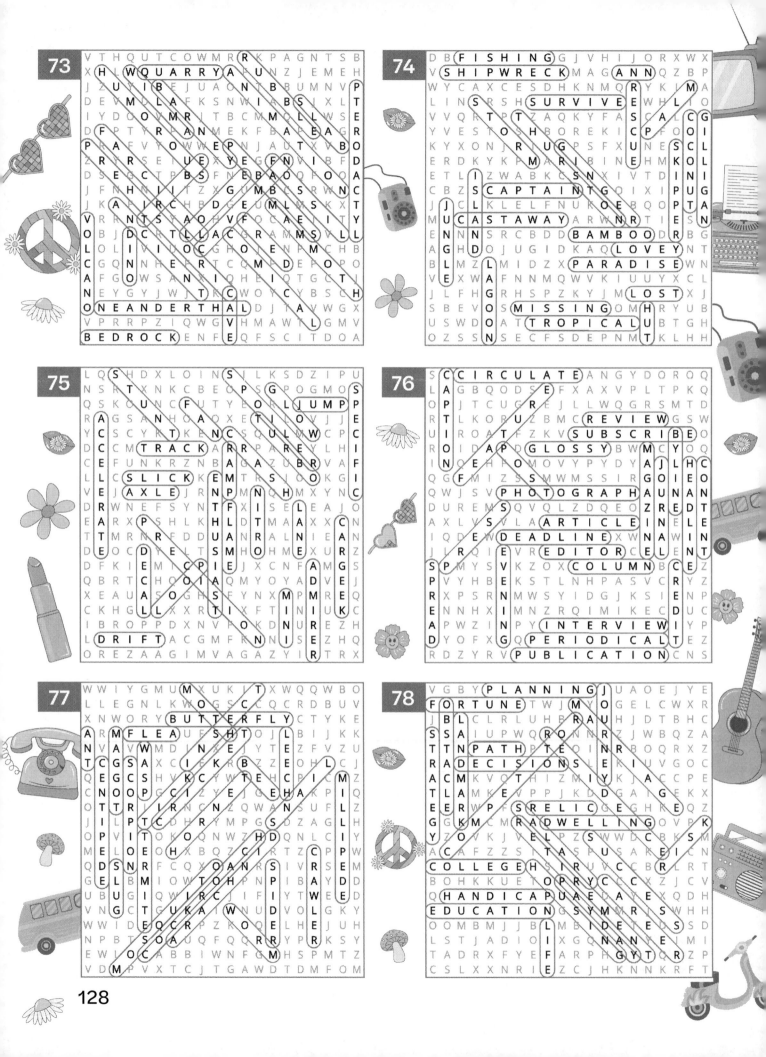

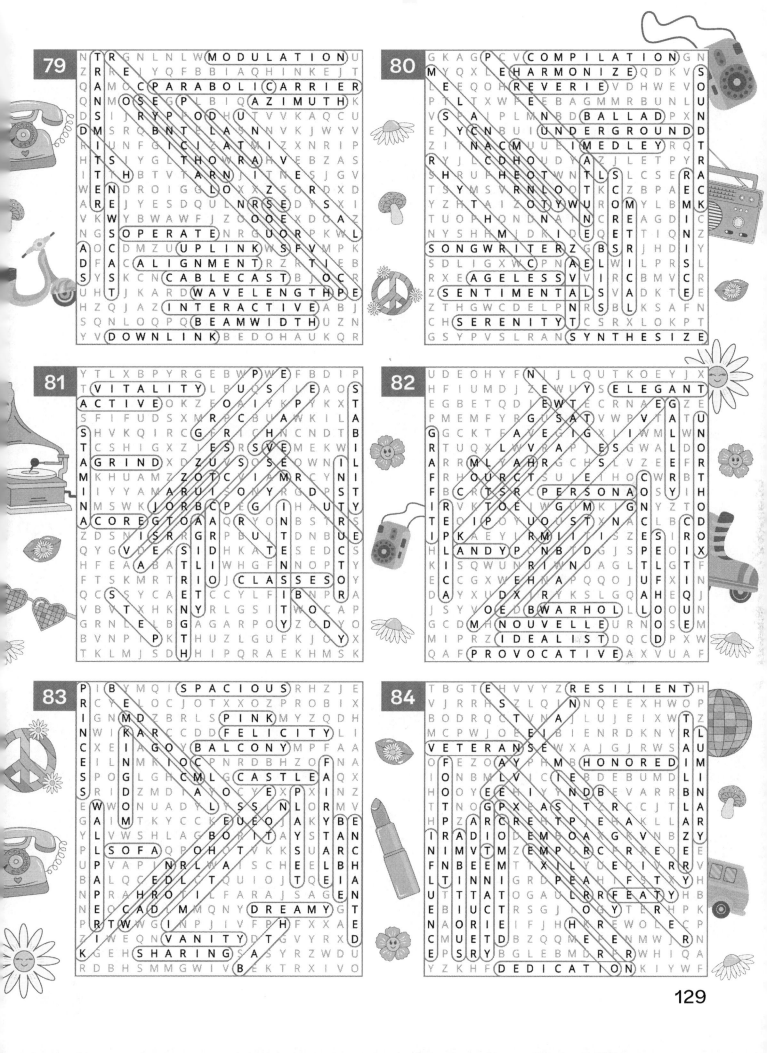

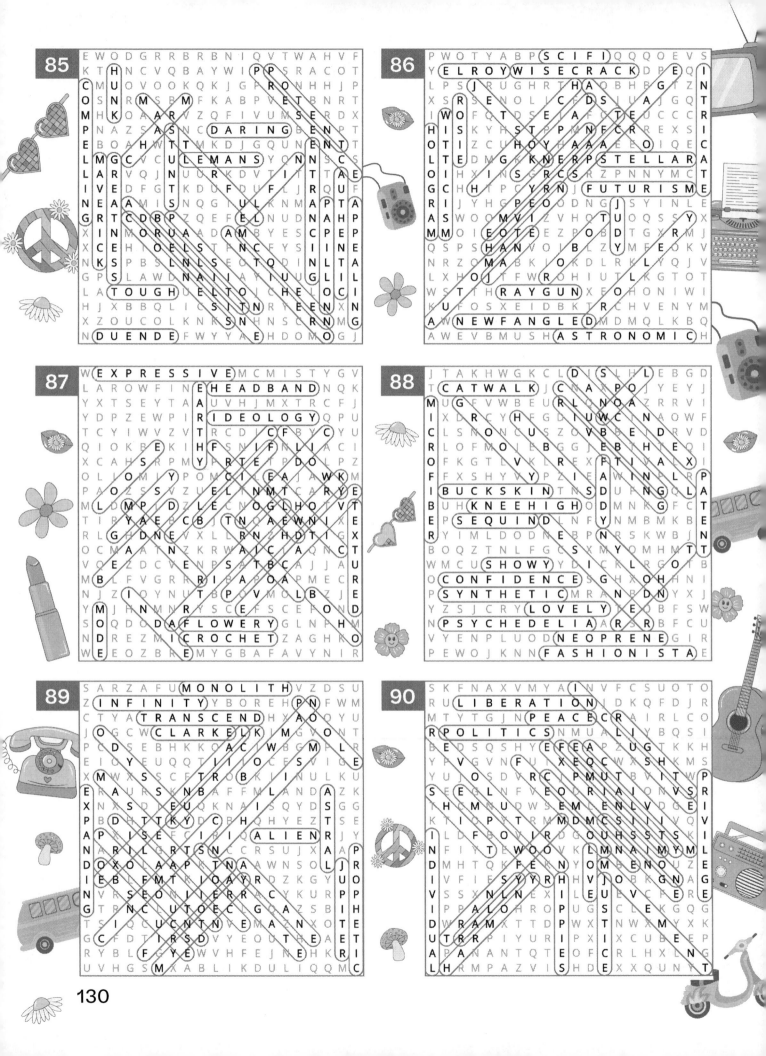

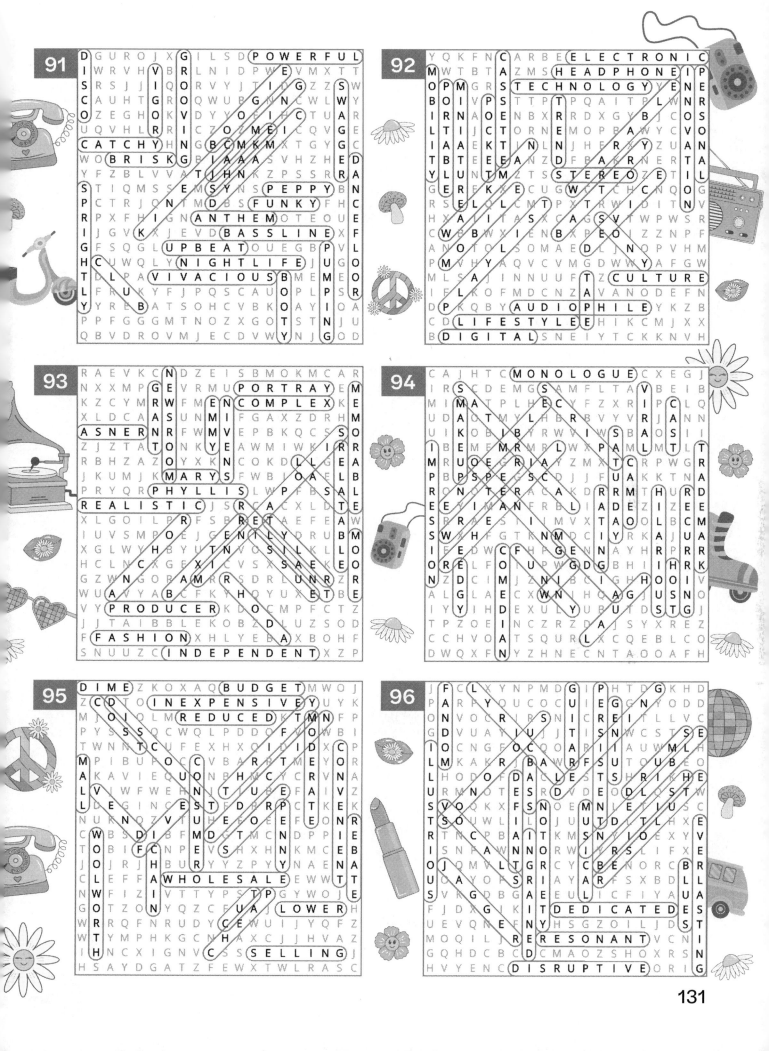

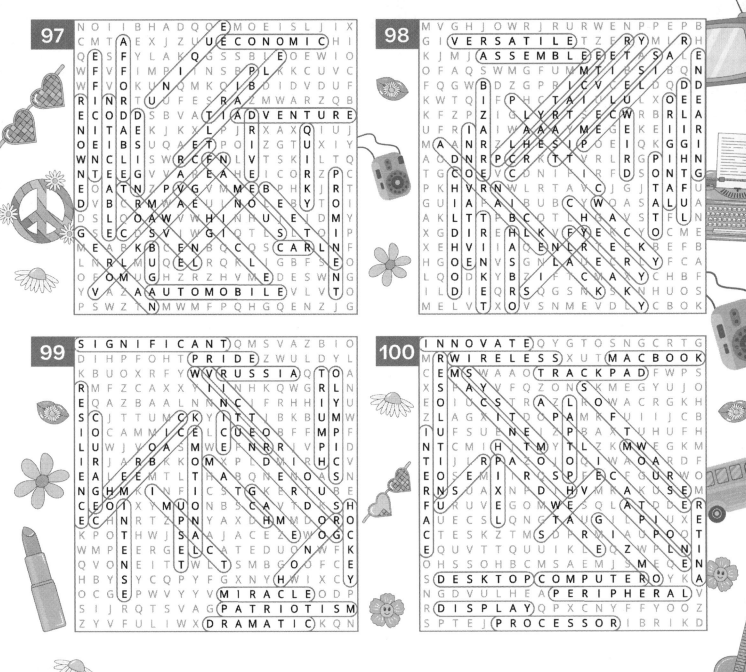

TRIVIA TIME - ANSWERS

1. b. Casablanca

Casablanca, released during WWII, won three Oscars. Its timeless dialogue and romantic setting have made it a classic film that viewers still celebrate today.

2. a. Snickers

The Mars family named the Snickers after their favorite horse. Though introduced in 1930, it became a top-selling candy

during the economically challenging 1940s.

3. b. LEGO bricks
Originally named "Automatic Binding Bricks," LEGO introduced the interlocking principle of LEGO bricks in 1949, transforming how future generations would play.

4. c. Swing
Swing dance, epitomized by the Lindy Hop, captured the spirit of the 1940s with its energetic moves and big band soundtracks, becoming a cultural phenomenon.

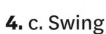

5. b. Louis Armstrong
Louis Armstrong, nicknamed Satchmo, was pivotal in popularizing jazz worldwide in the 1940s. His charismatic stage presence and innovative music remain influential.

6. b. I Love Lucy
I Love Lucy debuted in 1951, pioneering the family sitcom genre and setting the standard for television excellence with its blend of comedy, drama, and romance.

7. c. Tennis for Two
In 1958, physicist William Higinbotham developed "Tennis for Two" on an oscilloscope. The game is considered the world's first video game, predating Pong.

8. a. The McDonald brothers
Brothers Richard and Maurice McDonald founded McDonald's in the 1940s. By 1954, the brothers operated six franchises which were bought and revolutionized by Ray Kroc in the 1960s.

9. b. Chevrolet Bel Air
The 1957 Chevrolet Bel Air is an icon of 1950s automotive design, known for its tail fins and chrome trim. It's a favorite among collectors for its distinct style.

10. c. Risk
Invented in the early 1950's by movie director Albert Lamorisse,

Risk was first released in France in 1957 under the name La Conquête du Monde (The Conquest of the World). In 1959, the Parker Brothers bought the game and released it in the United States.

11. a. The Beatles

The Beatles' 1964 U.S. tour ignited the British Invasion of the American music scene. The band's innovative sound dominated American music and permanently altered the pop landscape. In 1964, their first few appearances on The Ed Sullivan Show drew in 73 million viewers, setting a record for television audiences at the time.

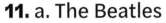

12. a. The mini skirt

Designer Mary Quant captured the 1960s youth spirit by popularizing the mini skirt in London. The design symbolizes freedom and rebellion against conservative dress norms.

13. b. Star Trek

Debuting in September 1966, Star Trek was groundbreaking with its diverse cast and progressive social themes. It depicted a future where earthly problems were solved cosmically.

14. a. Woodstock

Woodstock, the pinnacle of the 1969 music scene, symbolized peace and music for a generation. It featured legendary performances by Jimi Hendrix, Janis Joplin, and others.

15. a. Andy Warhol

Andy Warhol's work in the 1960s defined Pop Art with its bold images of consumer goods and celebrities. His work blended art with everyday life and changed art's accessibility.

16. a. Jaws

Jaws, a 1975 thriller directed by Spielberg, captivated audiences with its intense storytelling and innovative use of score and camera. The film won three Academy Awards and redefined Spielberg's career as a filmmaker and cinematic storyteller.

17. c. Apple
Founded in 1976, Apple Inc. revolutionized personal computing after introducing the Apple II. The model set the foundation for future technological innovations.

18. a. Stayin' Alive
Stayin' Alive by the Bee Gees became an anthem of the disco era with its catchy beat and lyrics that celebrated life and resilience. It epitomized the 1970s dance culture.

19. a. The Partridge Family
First airing in 1970, The Partridge Family sitcom charmed viewers with its catchy tunes and wholesome portrayal of family life. The show was inspired by the real-life musical family, "The Cowsills."

20. b. Donny Osmond
Donny Osmond rose to fame as a teen idol in the early 1970s, with his clean-cut image and hits like "Puppy Love" that appealed to a younger American audience.

21. b. Super Mario Bros.
Super Mario Bros., released in 1985, became an instant classic. It defined the platform genre and became synonymous with video gaming for generations.

22. b. Live Aid
Live Aid, organized by Bob Geldof and Midge Ure, was a dual-venue concert that raised over $125 million for famine relief. It featured performances by Queen, U2, and Led Zeppelin.

23. d. Denim vests
Denim vests were a staple of 1980s fashion, popularized by celebrities like Madonna, Tina Turner, and Patrick Swayze. Vests became a sensation for their casual, "rugged" look.

24. a. Knight Rider
Knight Rider, starring David Hasselhoff, captured imaginations with its futuristic theme and the intelligent, self-driving car KITT. The show highlighted the 1980s fascination with technology.

25. c. The fall of the Berlin Wall
The fall of the Berlin Wall in 1989 marked the symbolic end of the Cold War, which led to Germany's reunification and significantly altered Europe's political landscape.

SCRAMBLE FUN - ANSWERS

Movie Magic

1. Godfather **2.** Casablanca **3.** Psycho **4.** Bullitt
5. Exorcist **6.** Graduate **7.** Rocky **8.** Jaws
9. Chinatown **10.** MASH **11.** Patton **12.** Alien
13. Vertigo **14.** Network **15.** Taxi Driver **16.** My Fair Lady
17. Giant **18.** Ben-Hur **19.** Gone With the Wind

TV Time

1. The Andy Griffith Show **2.** The Brady Bunch
3. Leave It to Beaver **4.** Sanford and Son
5. The Waltons **6.** Happy Days
7. The Mary Tyler Moore Show **8.** The Dick Van Dyke Show
9. All in the Family **10.** The Munsters

Cool Rides

1. Mustang **2.** Corvette **3.** Camaro **4.** Thunderbird
5. Beetle **6.** Impala **7.** Charger **8.** Challenger
9. Barracuda **10.** GTO **11.** Nova **12.** Firebird
13. El Camino **14.** Eldorado **15.** Chevelle **16.** Pinto
17. Gremlin **18.** Maverick **19.** Continental **20.** Fury

Thank You!

Thanks a bunch for picking up our book!

We'd be totally stoked if you could drop a review on Amazon.

Your feedback helps us keep the good times rolling with more top-notch books. You can scan the QR code or type the URL below.

SCAN ME

amazon.com/review/create-review?&asin=B0D9K9K17L

Your support means the world to us!

Stay groovy, and keep on truckin'!

Hazel Woods

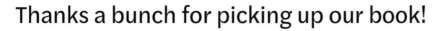
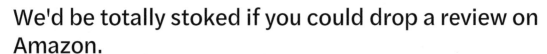

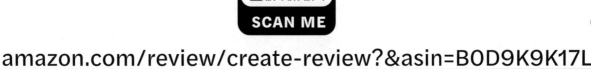
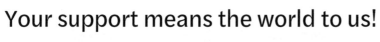